KB193660

또 다른 나를 마주할 결심

GAMBARU KOTO O YAMERARENAI

CONTROL DEKINAI KANJO TO 「TRAUMA」 NO KANKEI

©Yusuke Suzuki 2023

First published in Japan in 2023 by KADOKAWA CORPORATION, Tokyo.

Korean translation rights arranged with KADOKAWA CORPORATION,

Tokyo through Danny Hong Agency.

이 책의 한국어판 저작권은 대니홍 에이전시를 통한 저작권사와의 독점 계약으로

밀리언서재에 있습니다. 저작권법에 의해 한국 내에서 보호를 받는

저작물이므로 무단전재와 복제를 금합니다.

오늘도 잘 버틴 당신을 위한 회복력 수업

또 다른 나를
마주할 결심

스즈키 유스케 지음

명다인 옮김

밀리언서재

태양이 환하게 비칠 때도
전력 질주로 달려도
어둠 속에서 눈을 감아도
사라지지 않고 따라오는
나의 그림자

"무의식을 의식하지 않으면,
 그것이 당신의 삶을 지배하고
 당신은 그것을 운명이라 부를 것이다."
 ◇◇◇

카를 구스타프 융

트라우마는 내 안에 숨어 있는
'또 다른 나'가 되어 그림자로 남는다.
억누를수록 그림자는 더 강해지지만
마주하고 받아들이면 더 온전한 나로 성장할 수 있다.
그림자가 나를 완전히 무너뜨리지 않는다면,
나는 그 그림자를 통해 더욱 강인해질 수 있다.

"우리를 죽이지 않는 것은
우리를 더 강하게 만든다."

◇◇◇

프리드리히 니체

적당히 살기가 참으로 힘든 사람

프롤로그

7

오늘도 버텨낸 당신에게

평소에 성실하다는 말을 많이 듣는다.
부탁받은 일은 거절하지 않고 최선을 다한다.
그러면 고맙게도 좋은 사람으로 봐줄 때도 많다.
그런데도 '나는 할 만큼 했어',
'이 정도면 충분해'
이런 생각은 도저히 들지 않는다.

오래된 친한 친구도 사무적으로 대하는 편이다.

나에 대해서는 잘 모르겠고
거리낌 없이 자신을 드러내는 사람은 부담스럽다.
상대가 기대하는 것이 무엇인지 숨 쉬듯 관찰하고
제일 적당한 말을 고르고
상대방을 기분 좋게 해주려고 배려한다.

이렇게 사람과 사람 사이에 생기는 뒤틀림을
막으려고 안간힘을 쓴다.
꼭 그래야 한다고 생각하고
결국 그렇게 해야 마음이 편하다.

사람들은 종종 내게 묻는다.
"왜 그렇게 애써요?"
왜일까? 나도 잘 모르겠다.
그보다는 애쓰고 있다는 자각조차 없다.
굳이 답하자면 이것 아닐까?
"다르게 살아본 적이 없어서요."

따뜻한 조언을 많이 듣는다.

"실패해도 괜찮아."
"너무 엄격하지 않아도 돼."
"가끔은 너 자신을 칭찬해줘."
"하고 싶은 걸 더 많이 해."
무슨 말인지 안다.

그러나 내게는 그런 삶이 허락되지 않았다는
생각이 마음 한구석에 있다.
'하고 싶은 것'도 없고
'나'라는 존재도 없는 것 같다.

자신이 하고 싶은 것을 하면서 '나답게' 살고
자기감정을 마음껏 쏟아내거나
가끔 멋대로 굴기도 하는 사람을 보면
마음이 어지럽다가도 괜스레 부러운 마음도 든다.

요즘 '자기긍정감'이라는 말을 심심찮게 듣는다.
아무래도 내 얘기 같은데,
또 어딘가 남의 일 같다.

프롤로그

이 말을 들으면 어떤 기분이 엄습해 와서
그다지 좋아하지 않는다.
나는 자기긍정감이 낮은 것 같은데
그래서 뭘 어떻게 하라는 거지?
그렇게 단순하게 볼 문제가 아닌데.

그런데 가끔 이런 생각이 든다.
나는 지금 뭘 하고 있는 거지?
이 길은 어디까지 이어질까?
'누군가를 위해서만' 질주하다가
정작 내 인생이 끝나 버리면 어떡하지?

그렇다면 차라리 적당히 살다가
막이 끝난다 해도 상관없겠다 싶다.

어떤 물고기는 헤엄을 멈추면
산소 부족으로 죽는다고 한다.
나도 비슷한 것 같다.
계속 움직이는 것도 고통스럽지만

멈추는 건 더 고통스럽다.

멈춰버리면

더 근본적인 무언가를 잃을 것만 같다.

그게 무섭다.

대체 언제부터 내 마음이 이랬을까?

분명 내가 망가질 때까지

이 길에서 내려오지 못하겠지.

아니, 만일 망가져서 내려오면

사람들에게 비난받겠지.

비록 그렇다 하더라도

지금과 다른 인생을 살 수 있다면,

지금보다 덜 힘들게 살 수 있다면

누가 내게 슬며시 알려줄 순 없을까?

이 글은 과거에 만난 F의 이야기다. F의 이야기를 들으면서 '인생의 고삐'라는 말이 떠올랐다.

내 인생을 내가 결정하고 있다는 감각, 인생을 통제하고 있다는 느낌하고도 비슷하다.

　내 인생에서 무엇을 소중히 할 것인가.
　무엇을 하고 무엇을 하지 않을 것인가.
　만약 한다면 언제 할 것인가, 또 어느 정도의 속도로 나아
갈 것인가.

　이러한 것들을 스스로 결정할 수 있는가 하는 것이 건강한
인생을 살아가는 데 매우 중요하다. 그러나 여러 가지 이유
로 자기 인생을 스스로 결정하는 것에 어려움을 느끼는 사람
들이 많다.

　더 이상 노력하고 싶지 않은데도 안간힘을 쓴다.
　나를 억누르면서까지 주변의 기대를 만족시키려고 한다.
　인생의 고삐를 내가 쥐는 것, 즉 타인의 기대를 충족하려
하지 않고 내가 바라는 것을 스스로 이루어낼 때 인생은 한
층 더 풍요로워진다.
　그러니 나와 타인의 경계선을 의식하고 부당하게 그 경계
를 넘어오는 사람과 거리를 두자.

상대의 부당한 요구를 '거절'하는 방법과 내가 원하는 것을 상대에게 전달하는 힘을 키우는 것만으로는 F와 같은 상황에 놓인 사람들에게 충분하지 않다.

'그만 애쓰고 싶다'라고 토로하는 이들은 본인의 인생을 이렇게 표현한다.

"경주마처럼 전력 질주하며 애쓰는 '나'가 있어요. 일할 때나 일상생활을 할 때도 이 아이는 젖 먹던 힘까지 짜내서 끌고 간다는 느낌을 받아요. 내가 할 수 있는 만큼 최대한 하지 않으면 이 아이에게 용서받지 못할 것 같아요. 진짜 '나'는 이 아이의 기세에 밀려 떨어져 나가지 않으려고 죽을힘을 다해 매달려 있어요. 괴롭지만 무서워서 멈추지 못하겠어요. 멈춰버리면 모든 게 끝나고 다 잃어버릴 것만 같거든요."

그들이 말하는 애쓰고 있는 '나'에게는 이성이나 이론으로는 도저히 억누르지 못하는 크고 강력한 동물적인 힘이 있는 듯하다.

이러한 '본래의 나'가 아닌 듯한 '또 다른 나'의 존재로 인해 힘들어하고 고통받는 사람들을 위해 이 책을 쓰기 시작했다.

한 가지 말해두고 싶은 것은 이제부터 들려줄 이야기들이 '지금 바로 멘탈을 회복하는 방법'이나 '스트레스를 없애는 간단한 방법' 같은 꿀팁이 아니라는 점이다.
내가 해줄 수 있는 것은 '깃발 세우기'다.

당신이 자기 자신과 친해지지 못하는 '근본적인 이유'는 무엇일까?
억제되지 않는 '또 다른 나'의 정체는 무엇일까?
이 질문의 답을 알면 나 자신과 관계 맺는 방법을 바꿔볼 수 있다. 그러면 나 자신을 새로운 관점으로 바라보게 될 것이다.

너무 심각하게 받아들이지 않아도 된다.
나름 깊이 들어가는 내용도 있지만 되도록 쉬운 말로 풀어서 쉽게 이해할 수 있을 것이다.
나에게 도움될 만한 이야기를 들어볼까, 하는 편안한 마음으로 이야기를 시작해보자.

차례

1장

나를 버티게 해준 '또 다른 나'

2장
꾸역꾸역 삼키던 감정
그냥 흘려보내기

●

3장
애쓰지 않아도 소중한 존재

●

4장
‖ ‘또 다른 나’가 쓰는 새로운 인생 스토리 ‖

하고 싶지 않은데도 하지 않으면 불안한 마음.

그 속엔 오래전 상처와

미처 소화되지 못한 감정들이 쌓여 있다.

때때로 내가 나 같지 않은 순간들.

그건 내 안의 '또 다른 나'가 신호를 보내고 있다는 뜻이다.

지금 나에게 가장 필요한 것은

타인의 인정이 아닌,

나 자신을 향한 따뜻한 관심이다.

1장
나를 버티게 해준
'또 다른 나'

하고 싶지 않은데,
하지 않으면

불안하다

애쓰고 싶지 않은데도, 결국 애쓰고야 마는 나.

이런 나를 어찌지 못해서 생기는 고통은 일상 곳곳에서 경험할 수 있다.

여유가 없어 거절하고 싶은데, 그런 속마음과는 다르게 겉으로는 웃으면서 부탁을 들어준다.

소중하게 여기는 사람인데도 거리를 두고 싶은 마음에 만나자고 하면 이런저런 핑계를 찾는다.
종종 다른 사람이 된 것처럼 분노를 폭발하고 시간이 지나면 후회한다.

이렇게 마음속에 서로 상반된 충동이 동시에 존재하는 것은 자기모순 그 자체이며, 마음이 찢겨나갈 것처럼 고통스러운 일이다.

결국 '감정을 조절하지 못하는 사람', '자기 인생을 원하는 대로 끌고 가지 못하는 무력한 존재'라며 자신을 탓한다.

스스로 감정과 충동을 조절하지 못해 괴로움에 잠겨 있지만 이런 고통은 누구도 이해하지 못한다. 나 자신조차 내가 무엇을 원하는지 알 수 없어 내가 점점 더 싫어진다. 이토록 괴로운 일이 또 있을까?

거절하고 싶지만 거절하지 못하고, 도망치고 싶지만 도망치지 못한다.
분명 행복해지고 싶은데, 행복해질까 봐 두렵다.

가까워지고 싶은 건지 멀어지고 싶은 건지, 진정으로 무엇을 원하는지 모르겠다.

이러한 자기모순과 자기혐오가 차곡차곡 쌓이면서 '나처럼 뒤틀린 사람은 행복해질 리가 없고 그럴 가치도 없다'라는 부정적인 신념이 생긴다.

이러한 심리를 '정체성 장애(identity disorder)'라고 하기도 한다. 일관된 자신의 모습을 느끼지 못하고 진짜 내가 어떤 사람인지 모르겠다는 생각이 드는 심리를 말한다. 심한 경우에는 마치 내가 '분열'된 것처럼 느껴진다.

물론 누구나 모순에 빠지고 갈등을 겪게 마련이다. 쉬운 예를 들자면 '한밤중에 라면이 먹고 싶지만 살찌면 안 되니 참을까?' 하는 것이다. 또는 한밤중에 라면이 먹고 싶어서 먹었는데, 참지 못한 자신을 탓하는 경우도 있다.

그렇다면 이것과 '자기분열'은 무엇이 다를까?

중요한 것은 갈등이 나의 의식 안에서 일어난 것인지 아닌지를 알아야 한다는 점이다.

공원에서 시소와 시소를 보고 있는 자신을 상상해보라. 라면을 끓여 먹고 싶은 충동은 '라면을 먹을까?'와 '살찌니까 먹지 말까?'라는 2가지 마음이 시소의 양 끝에 놓여 있는 것을 옆에 서 있는 내가 파악한 상태와 같다.

내가 의식할 수 있는 범위 안에서 서로 다른 욕구가 솟구치면서 갈등에 휩싸여 망설이는 것이다.

한편 내가 의식할 수 있는 범위 밖에서 일어난 갈등이란 시소의 반대편 자리에 정체불명의 감정이 쿵 하고 올라타 요동치고 있는 상태와 같다.

예를 들어 연인에게 잘해줘야겠다는 생각을 하고 있는데, 갑자기 이 사람과 헤어지지 않으면 큰일 날 것 같다는 알 수 없는 공포에 사로잡히는 경우이다.

불현듯 튀어나온 이해할 수 없는 감정에 혼란스러운 감각, 이것이 자기분열을 동반하는 갈등이다. 한밤중에 라면을 끓여 먹고 싶은 충동과는 차원이 다른 고통이다.

보통의 갈등

망설이는 두 감정을 내가 파악할 수 있는 상태

자기분열로 인한 갈등

정체불명의 감정이 갑자기 시소에 올라타 요동치는 상태

27

내 안에 살아 있는
또 다른 나

그렇다면 나는 왜 분열한 걸까?

이것을 설명하는 단어가 바로 '트라우마(trauma)'와 '생존 전략'이다.

트라우마는 감당하기 어려운 극심한 스트레스나 충격적인 사건을 경험한 뒤에 나타나는 심리적, 정서적 반응을 말한다. 과거의 사건이 나의 몸과 마음에 큰 영향을 미치는 것이다. 트라우마는 그리스어로 '상처'라는 뜻이며, 지그문트 프로이트는 이를 심리적 억압과 반복 강박 개념으로 발전시켰다. 일상에서도 자주 쓰이듯이 트라우마의 의미와 영향력은 상상 이상으로 광범위하고 깊다.

트라우마는 슬픔이나 분노, 공포와 같이 강렬하고 부정적인 감정이나 기억, 신체 반응 등을 유발한다. 이해를 돕기 위해 여기서는 우선 '감정'에 대해서만 설명하겠다.

감당하기 어려운 감정이 계속 남아 있으면 너무 괴로워서 일상생활을 해나갈 수 없다. 일상생활을 유지하려면 이 감정을 내가 의식할 수 없는 곳에 가둬놓을 필요가 있다. 그리고 쉽게 넘나들지 못하도록 '벽'을 세우고 그 너머에 감정을 봉인한다.

벽 너머에서는 '본래의 나'를 대신해 그 감정을 떠맡을 '또 다른 나'가 태어난다. 이렇게 꺼림칙한 감정은 '본래의 나'가 아닌 벽 너머에 있는 '또 다른 나'의 것이 되고, '본래의 나'는 괴로운 감정의 영향권에서 벗어나 보호를 받는다.

벽 너머에 있는 '또 다른 나'를 '트라우마 반응 자아'라고 하자.

　이것이 인간이 자기 자신을 보호하기 위해 무의식중에 만들어낸 생존 전략이다.

　　　억누르지 못할 정도의 분노를 떠맡는 '또 다른 나'
　　　감당하지 못할 정도의 공포를 신체 감각과 함께 가두고 있는 '또 다른 나'
　　　친밀한 사람의 배신에 충격받아 친밀함을 거부하는 '또 다른 나'
　　　사랑받지 못한 과거의 경험 때문에 누군가의 애정을 갈구하는 '또 다른 나'

　'본래의 나'가 붕괴할지도 모를 위기 속에서 나를 보호하려고 태어난 '또 다른 나'는 위기 상황이 끝난 후에도 여전히 내 안에 존재한다. 과거에 나를 덮친 방대한 양의 감정과 함께 말이다. 심지어 그 감정은 옅어지지 않는다.

　스트레스 등으로 일상생활을 유지하기 어려운 지경에 이르면 '본래의 나'와 '또 다른 나'를 분리하던 벽의 힘이 느슨

해진다. 또 예전에 가둬놓은 '위기'와 비슷한 상황이 다시 발생하면 깊숙이 봉인된 '또 다른 나'의 감정이 격렬하게 폭발한다.

그러면 '또 다른 나'의 감정이나 기억이 완전히 억제되지 못하고 벽 사이 틈으로 새어 나오거나, 때로는 홍수가 난 것처럼 넘쳐흐르기도 한다. 과거의 위기에서 느꼈던 그때의 감정이 당시의 온도, 분위기와 함께 밀려 나온다.

이렇게 트라우마 반응 자아에 압도당하면 더 이상 나를 이성적으로 통제할 수 없는 상태에 이르고 만다.

마치 분리되어 숨어 있던 '또 다른 나'가 '본래의 나'를 조종하는 듯한 느낌이다.

다른 사람이 된 것처럼 화를 내거나 경주마처럼 전력 질주하는 '또 다른 나'에게 끌려 다니는 듯한 느낌의 정체와 이유가 바로 트라우마이다.

내가
　　　내가 아닌 것 같은
순간들

　이처럼 위기 상황에 어떻게든 적응하려는 생존 전략으로서의 자기분열을 '해리(dissociative)'라고 한다. 트라우마가 원인이 되어 발생하는 여러 반응을 '트라우마 반응'이라고 하는데, 해리는 그중 하나이다.

　벽 너머에 있는 또 다른 나는 인생에서 겪는 여러 가지 위기를 극복하기 위해 없어서는 안 될 생존 전략의 산물이다.

이것은 해리라는 수단에 의해 다 처리할 수 없는 충동적 감정이나 신체 감각, 기억 등과 함께 갇혀 있는 존재이다. 쉽게 접근할 수 있다면 일상생활이 안정되지 않으니 보통 때는 평소의 인격과 아주 먼 곳에 벽을 세우고 가둬둔다.

그래서 트라우마 반응으로 일어나는 감정은 평소의 내가 통제하지 못하며 기억도 나지 않는 구조로 되어 있다. 접근할 수 있는 장소라면 봉인한 의미가 없으니 당연한 일이다.

'또 다른 나'는 평소의 '나'라는 정체성에서 해리한(분리된) 존재이다. 나처럼 보이지만, 나 그 자체는 아니다. 나의 일상을 보호하기 위해 대신 총대를 멘 존재라고 할 수 있다.

하기 싫은데도 하지 않으면 불안한 이유

내가 왜
애쓰고 있는지
알 수 없을 때

'아무리 생각해도 나는 트라우마가 없어', '트라우마는 생사를 가르는 엄청난 사건을 겪고 나서 생기는 거잖아'라고 생각할 수도 있다. 하지만 '트라우마가 없는 사람은 단 한 명도 없다'는 사실을 강조하고 싶다.

나한테 직접적으로 나쁜 짓을 한 것도 아닌데 왠지 싫은 사람이 있지 않은가?

불편한 직장 동료, 손에 익지 않은 업무, 별 이유 없이 호감 가지 않는 연예인처럼 일상에서 쉽게 느낄 수 있는 부정적인 감정들이 모두 트라우마와 관련이 있다.

프로젝트 실패, 직장 내 괴롭힘, 운전, 낙상, 부상, 질병, 입원, 싸움 또는 상대방의 거짓말, 인간관계에서 빚어지는 갈등, 이 모든 사건의 배경에 트라우마가 숨어 있다.

뉴스에 나오는 사건 사고를 보면 '왜 저런 일을 저질렀지?'라는 생각이 든다. 보통의 사고로 이해할 수 있는 범주를 벗어난 행동의 이면을 들여다보면 트라우마가 관련된 경우가 많다.

더구나 어려운 인간관계나 치유하기 힘든 마음의 병처럼 세상에 존재하는 모든 고통스러운 사례의 배경에는 거의 확실하게 트라우마가 있다.

누구나 일상에서 트라우마 반응을 목격하거나 겪으면서 살아간다고 해도 과언이 아니다.

'생명이 위협받을 정도의 사건이 아니면 트라우마가 아니다'라는 생각은 흔한 오해다.

사소하지만 깊은 상처

오래전
아물지 않은
상처가 있었다

트라우마는 다양한 단계에서 일어난다. 생사를 가를 정도의 큰 사건으로 인한 것을 '큰 트라우마(big trauma)'라고 하고, 일상생활에서 받은 상처를 '작은 트라우마(small trauma)'라고 한다.

큰 트라우마에는 전쟁이나 자연재해, 성폭력 등이 있다.

작은 트라우마에는 괴롭힘, 갑질, 배우자와의 이혼, 부모에게 사랑받지 못한 경험 등이 있다. 2가지를 비교해보면 작은 트라우마는 그렇게까지 큰일이 아니라는 생각이 들 수 있다.

하지만 생물학적 죽음에 이를 수도 있는 상황이 아니더라도 작은 트라우마로 인해 사회적 죽음을 경험할 수 있다.

트라우마의 주요 원인은 양육자(부모)와의 관계이다. 부모와의 관계를 통해 습득한 대인관계 기술이나 패턴은 이후의 인간관계에 상당한 영향을 미친다.

특히 유소년 시절에 부모는 '세상의 전부'라고 할 정도로 절대적인 영향력을 가지고 있다. 그래서 악의 없이 던진 말이 '저주'처럼 수십 년 동안 자녀를 옭아매는 경우도 많다.

부모와의 관계에서 습득한 인간관계의 영향으로 괴롭힘이나 갑질, 불공평한 인간관계에 쉽사리 휘둘리거나, 불공평한 관계를 자처하기도 한다. SNS가 주류가 된 시대도 한몫해서 인간관계는 점점 복잡하고 난해해지고 있다.

아이들은 본래 보호받아야 할 존재이다. 부모에게서 당연히 느껴야 할 안정감과 일반적인 인간관계 기술을 배울 기회를 가지지 못하는 것은 절대 아이들의 잘못이 아니다.

설령 지금 부모와 잘 지내고 있다 하더라도 트라우마가 전혀 없다고 단정 지을 수 없다.

왜냐하면 내 안에 있는 또 다른 나는 지금의 당신과는 다른 존재이기 때문이다.

성인이 된 당신이 '그래, 그때 부모님도 힘들었구나'라고 이해하더라도, 어린 시절에 분리된 부분들, 즉 당시 감당하지 못한 슬픔이나 분노의 감정, 기억, 신체 반응 등이 벽 너머에 봉인되어 잠들어 있는지도 모른다.

이처럼 '큰 트라우마'는 누구에게나 있다고 단정 지을 수 없지만, 일상생활에서 받은 '작은 트라우마'는 누구나 흔히 가지고 있다.

가족에게 받은 작은 상처

부모님 사이가 나쁘고 심하게 다투는 모습을 종종 보았다.

부모님이 나와 다른 형제를 차별했다.

1장 나를 버티게 해준 '또 다른 나'

형이 부모님 말씀을 듣지 않아 혼나는 모습을 자주 보았다.

부모님이 '착한 아이'와 '좋은 성적'을 암묵적으로 요구해 그 기대에 부응하려고 했다.

가까운 이들에게 받은 작은 상처

연인에게 인격을 무시당하는 발언을 들었다.

외모, 체형, 성적 취향 등을 지적받거나 심한 폭행을 당하기도 했다.

학교 다닐 때 괴롭힘을 당하는 친구를 도와주지 못해 죄책감이 들었지만 나도 괴롭힘을 당할지 모른다는 공포심에 나서지 못했다.

이런 일을 직접 겪었다 하더라도 대수롭지 않게 생각할 수 있다. 그러나 몸과 마음에 미치는 영향은 절대 '작지' 않다.

완전히 소화되지 않은
감정들이 차곡차곡 쌓이다

과거에 겪은 사건으로 생긴 트라우마는 일상생활에서 일어나는 갖가지 상황을 계기로 불쑥 튀어나온다.

예를 들어 연예인의 불륜 뉴스를 접하고 격분하는 사람과 그렇지 않은 사람이 있다. 물론 각자의 가치관이 다르기도 하지만, 과거에 연인에게 배신당한 사람이 더 강한 분노에 차오르는 모습은 어렵지 않게 상상할 수 있다.

연인에게 배신당했을 때 '본래의 나'가 상처받지 않기 위해 벽 너머에 있는 '또 다른 나'에게 억지로 떠넘겼던 슬픔, 고통, 분노가 불륜 뉴스를 보는 순간 끓어올랐기 때문이다.

숫자로 표현하면 이렇다. 불륜 뉴스를 접한 후의 순수한 분노와 불쾌감이 '3', 과거에 상처받은 경험으로 마음속에 가둬둔 분노의 감정이 '100'이라고 하면, '3'의 분노가 방아쇠(trigger)가 되어 '100'의 분노 감정이 튀어나온다. 숨겨둔 '분노'는 상처의 깊이에 따라 '100'을 초과해 '1천' 또는 '1만'이 될 수도 있다.

숨겨둔 분노가 얼마나 깊고 강한지는 다른 사람의 눈에 절대 보이지 않는다. 그래서 '1만'의 분노가 치밀어 올라 괴로워하고 있는데도, 이를 이해하지 못하는 사람은 '그렇게 화낼 일이야?', '그렇게 힘들어할 일이야?'라고 말한다. 그러면 상처와 고독감이 더 깊어진다.

여기서 말하는 '1천'이나 '1만'의 분노는 그때 끝맺지 못한 감정이다. 너무 격렬해서 전부 처리할 수 없었던 감정이 벽 너머에 봉인되어 계속 누적된다. 완전히 소화되지 않은 것은 감정뿐만 아니라 기억과 신체 반응도 마찬가지다.

　이렇게 지뢰처럼 묻혀 있는 미완결된 감정과 기억이 바로 트라우마 반응의 근본이 된다.
　스트레스 등으로 일상생활을 하기 힘들 때 방아쇠 역할을 하는 사건이 발생하면, 미처 다 봉인되지 않은 벽 너머의 미완결된 감정과 기억이 그때 느꼈던 그대로 뻥 하고 튀어나온다. 이러한 현상을 '플래시백(flashback)'이라고 한다.

나에게 필요한 건
나 자신의
관심이다

　자신도 어찌할 수 없는 감정에 압도당해 괴로운 순간에는 거의 확실하게 '지금, 이곳'에서 느끼는 감정 외의 감정들도 섞여 있다.

　숨겨두었던 감정의 홍수가 어떠한 계기로 인해 한 번에 밀려 나와 방향키를 놓친 것과 같다. 파도에 떠밀리는 상태에서는 방향키를 조종할 수 없다. 휘몰아치는 감정에 휩쓸려 스스로 어떻게 해야 할지도 가늠하기 힘들다.

　이때는 내가 무엇 때문에 상처받았는지, 이 상처로 인해 내 몸과 마음에 어떤 반응이 일어나는지를 살펴봐야 한다. 지금 필요한 것은 조절이나 관리가 아니라 '관심'이다. 애써 감정을 억누르려고 하기보다 이러한 감정이 어디에서 비롯되었는지를 생각하다 보면 격렬한 흐름이 어느새 잦아들게 된다. 파도를 거슬러 가려고 하기보다 파도를 타고 흘러가는 것과 같다.

　일반적으로 우리 머릿속에는 '감정을 관리하고 조절할 줄 알아야 어른이다'라는 생각이 자리 잡고 있다. 그러나 이러한 사고방식은 이성적으로는 도저히 조절하지 못하는 압도적인 감정에 괴로워하는 사람을 더 궁지로 몰아넣을 위험이 있다.

　트라우마로 인한 감정은 일반적인 감정의 문제와 비교했을 때 고통의 크기와 대처법도 완전히 다르므로 구분해서 생각해야 한다. 이 고통을 이해하지 못하는 사람은 '어른이니

까 감정을 조절할 줄 알아야 한다'라고 말하지 않도록 주의
해야 한다.

　여기까지 트라우마가 얼마나 우리 가까이에 있는지 설명
했다. 다음 2장에서는 트라우마 반응이 일어나는 구조를 더
자세하게 살펴본다.

나

분노

조종당하는 나

마음이 보내는 신호를 외면하면,

오래된 감정들이 지금의 나를 조종하게 된다.

애쓰는 나와 놓아버리고 싶은 또 다른 나,

그 모두가 진짜 나일 수 있다.

감정에 이름표를 붙이고

'또 다른 나'를 받아들이는 것,

그것이 나다운 삶의 시작이다.

2장

꾸역꾸역 삼키던 감정
그냥 흘려보내기

몸에 새겨진 기억

감정에
이름표를 붙이는 건
나 자신이다

트라우마 반응이 일어나는 구조를 설명하기에 앞서 트라우마에 관련된 감정은 왜 조절하기 어려운지부터 자세하게 살펴보겠다.

최근 연구에 따르면 감정은 신체 반응에서 비롯되는 것으로 밝혀졌다. 감정이 일어나서 신체 반응이 나타나는 것이 아니라 신체 반응에 따라 감정의 강도가 결정된다는 것이다.

예를 들어 가슴이나 목 주변이 조이는 듯한 불쾌감이 들고 나도 모르게 어깨에 힘이 들어가면서 초조함과 불안감을 느낀다.

이런 불쾌한 신체 감각은 가슴 한 곳으로 집중되어 '이건 불안이다' 혹은 '이건 분노다'라는 이름표가 붙는다. 두려워서 심장이 두근두근 뛰는 것이 아니라, 심장이 두근두근 뛰는 신체 반응이 나타나니 '두려운' 감정이 생겼다고 뇌에서 판단한다는 뜻이다.

이 '두근두근 뛰는 심장'과 같이 감정에 이름표가 붙기 전에 신체 반응이 따르는 강렬한 감정 상태를 '정동(情動, affect)'이라고 한다. 희로애락과 같이 일시적으로 급격히 일어나는 감정을 말한다.

본능적인 욕구에 충실한 상태를 '정동적'이라고 표현하듯이 정동은 이성으로 통제할 수 없는 동물적인 신체 반응을 동반한다.

마음 가는 대로
내 몸이
따르지 않을 때

    최근 수많은 연구에서는 트라우마도 '마음의 문제'로만 보지 않고 '신체의 문제'로 바라보는 추세다.

    충격적인 사건이나 스트레스를 겪으면 근육이 긴장되고 호르몬이 분비된다. 그리고 이러한 반응은 몸에 기억되었다가 'A라는 사건이 일어나면 B라는 신체 반응(정동)이 나타난다'는 일련의 흐름으로 재현된다.

이러한 신체의 기억을 '절차 기억(procedural memory)'이라고 한다. 자전거를 탈 때 페달과 손잡이를 무의식적으로 조작하는 것처럼 '몸이 저절로 움직인다'는 수준으로 신체에 스며든 기억이다. 그래서 트라우마는 이성이나 의지로는 통제할 수가 없다.

예를 들어 교통사고에서 구사일생으로 목숨을 건진 사람이 얼마 후 차에 기름을 넣으려 할 때 갑자기 심장이 두근두근 뛰는(정동) 경우가 있다.

심장이 두근두근 뛰는 신체 반응을 뇌가 인지한 뒤 극심한 불안이나 공포라는 감정의 이름표를 붙인다. 그러고는 돌연 이곳에서 도망치고 싶은 정동에 사로잡힌다.

기름 냄새를 맡고서 몸이 기억하는 공포(절차 기억)가 재현된 상황이지만, 반사적으로 나온 충동이라 자신도 왜 도망치고 싶은지 모른 채 두려워한다.

이것이 '트라우마 반응'으로 일어나는 감정의 특징이다.

이처럼 특정 상황에 의해 반사적인 감정, 신체 반응, 기억이 일어나는 것이 트라우마 반응의 기본 구조이다.

2장 서두에 나온 만화(52쪽)를 보면 엄마와 나이가 엇비슷한 여성의 고함 소리만 들었을 뿐인데 주인공은 몸이 얼어붙는다.

주인공의 뇌를 지배하고 있는 것은 어릴 때 엄마가 오빠를 엄하게 꾸짖는 장면이다. 내가 혼난 것도 아닌데, 형제나 소중한 사람이 괴로워하는 모습을 본 것만으로 큰 상처를 받고 공포심에 덜덜 떨고 있다.

이를 '목격 트라우마'라고 한다. 내가 직접적인 공격 대상이 아니어도, 옆에서 지켜보는 것만으로도 트라우마가 될 수 있다.

시간이 지나면
나아질 줄 알았다

나는 직장에서 근로자들의 건강을 관리하는 의사로서 휴직과 복직을 판단하는 일에도 관여하고 있다. 요양을 하고 체력과 집중력이 회복됐는데도 막상 복직이 다가오면 불안에 떨거나 우울해지고 몸에 힘이 빠지는 증상이 다시 심해져서 휴직을 연장하는 사람들이 종종 있다.

'우울증' 진단을 받고 휴직한 S도 그중 하나다. 굉장히 성실해서 통원 치료를 한 번도 빼먹지 않고 지시 사항도 잘 따랐다. 또 근면한 사람인지라 '아무리 시간이 지나도 낫지 않는 나'에 대한 자책과 무력감이 심했다.

이후로도 휴직을 연장하고 쉬면 증상이 나아졌다가 예정된 복직일이 다가오면 다시 증상이 나빠지기를 반복했다. 그러는 사이 사내 규칙상 휴직 기간이 종료된 상황에서 복직 여부가 불투명해지자 결국 퇴직 처리되고 말았다.

S는 퇴직 후에도 '내가 한심하다', '무서워서 다시 회사에 다닐 엄두가 안 난다'며 계속해서 재취업에 소극적인 자세를 보였다.

오래전 감정들이
지금의 나를
조종하는 것

S가 당시 느낀 신체 반응과 감정에 더 깊이 들어가자 한 가지 사실을 알게 되었다.

회사에 다닐 때 납기가 지연되어 중년의 상사에게 큰 소리로 심한 질책을 당한 경험이 있었던 것이다.

복직이 얼마 남지 않자 '또 그런 일이 생기면 어떻게 하지'라는 걱정을 시작으로 몸이 얼어붙는 신체 반응과 함께 공포감과 몸에서 힘이 빠져나가는 느낌이 들었다고 한다.

이는 방어 반응으로 나타나는 '우울감(우울한 기분 상태)'으로 일반적인 우울증과 달리 트라우마와 깊은 관련이 있다.

더 많은 대화를 나누자, 첫 만남부터 그 중년 상사가 이유 없이 불편하고 위축감이 들었다고 한다. 최종적으로는 이 감정의 밑바닥에는 아버지와 고등학교 동아리 선생님이 윽박 질러 무서워했던 경험이 있었다. 나이 많은 남성과의 소통에서 큰 상처를 받았다는 것도 밝혀졌다.

'복직이 괴롭다'는 것은 지금까지의 공포 경험이 누적되어 일어난 반사적 반응이라고 볼 수 있다. 이처럼 과거의 공포 경험과 유사한 특정 상황이 발생하면 어깨나 목 등의 근육이 긴장되거나, 심장이 빨리 뛰는 증상이 재현되는 경우가 많다.

이 분석을 바탕으로 과거의 트라우마에 대한 심리치료를 신중하게 진행한 결과, S의 증상은 개선되었고, 다시 취직을 했을 때도 이러한 반응들은 나타나지 않았다.

아주 일상적인
트라우마

트라우마가 얼마나 우리에게 흔히 나타나는지를 알아보기 위해 직장이나 일상생활에서 자주 볼 수 있는 트라우마를 몇 가지 소개한다.

일상에서 흔히 볼 수 있는 대표적인 트라우마 중에 '전화공포증(call phobia)'이 있다.

전화를 걸거나 받는 것을 두려워하는 사람들이 많다. 벨소리가 울리면 무의식중에 온몸이 떨릴 정도의 공포를 느끼거나, 손에 땀이 많이 나거나, 심장이 쿵쾅거리는 증상이 나타나는 사람도 드물지 않다.

이러한 반응은 과거에 공포를 느낀 상대에게 집요한 연락을 받았거나, 통화로 혼나는 것과 같은 강력한 불만 사항을 들었거나, 가족이나 지인의 병세가 갑자기 나빠졌다는 연락이나 슬픈 소식을 전화로 전해 들은 경험에서 비롯된다.

이런 경우 여러 통의 부재중 전화가 와 있으면 마음이 불편해지거나 하얗게 질리는 것은 자연스러운 반응이다.

전화에 관련된 공포 경험과 여기에 연결된 신체적 스트레스 반응이 '절차 기억'으로 몸에 스며들었기 때문이다. 그리고 전화벨 소리 자체가 방아쇠 역할을 해서 아무 상관 없는 사람의 연락에도 일련의 불쾌한 신체 반응이 재현된다.

'영국의 밀레니얼 세대(1980년대 초부터 2000년 사이에 출생한 세대)의 76퍼센트가 전화벨 소리가 울릴 때 어떠한 불안을 느낀다'는 연구 보고가 있다. 전화 공포증은 아주 일상적인 트라우마 반응이라고 할 수 있다.

'발표 공포증'도 직장에서 볼 수 있는 전형적인 트라우마 반응이다.

중대한 발표를 하는 자리에서 엄청난 실수를 저질러 창피를 당했거나, 머릿속이 새하얘질 정도로 긴장해서 몸이 떨린 적이 없는가?

이 경험을 계기로 소수 인원이 모인 온라인 회의에서 의견을 말하려고만 해도 손이 떨리거나 식은땀을 흘릴 때가 있다. 사람들 앞에서 이야기해야 한다는 특정 자극을 계기로 과거의 경험으로 쌓여 있던 공포가 여전히 사라지지 않은 채 고스란히 재현되고 만다.

이외에도 얼굴이 빨개지는 것을 두려워하는 적면 공포증, 시선 공포증, 울렁증 등 '사회 불안 장애'나 '공포증'으로 분류되는 마음의 병 중에는 트라우마와 깊이 관련된 질환이 상당수 포함되어 있다.

내 마음을 지키려고
벽을 쌓은 것

일상생활에서도 트라우마를 쉽게 경험할 수 있다. 시간이 지나도록 떨쳐버리지 못하는 불편한 감정들이 대부분 트라우마이다.

"돌아가신 엄마 이야기를 꺼내기만 해도 아직도 매번 울컥해요. 돌아가신 지 벌써 몇 년이나 지났는데도요."

이렇게 말하는 사람은 시간이 많이 흘렀는데도 하염없이 요동치는 마음에 '나는 왜 이렇게 나약할까', '도무지 발전이 없다'며 자신을 질책한다.

그런데 '시간이 지나도 줄어들지 않는다'는 것이 바로 트라우마의 큰 특징 중에 하나다.

본래의 내 마음을 보호하기 위해 벽 너머의 '또 다른 나'에게 가둬둔 슬픔이 그때의 열량 그대로 보존되어 있다가 어떤 계기로 인해 폭발적인 감정과 함께 밖으로 분출된다. 이 자체가 트라우마 반응이다.

누군가 말다툼을 하고 있으면 조마조마해서 당장 그 자리를 벗어나고 싶은 사람도 있다. 반사적으로 중재하려고 나서거나, 분위기가 험악해지지 않도록 주변을 신경 쓰느라 지칠 지경이다.

이렇게라도 하지 않으면 진정되지 않기 때문이다. 이러한 배경에도 트라우마가 숨어 있다.

예를 들어 어린 시절에 부모가 심한 말다툼을 할 때 느꼈던 공포가 트라우마가 되어 몸에 기억되는 경우이다.

성인이 되어서도 말다툼이나 분위기가 험악해진 상황에서는 어릴 적 경험했던 신체적 감각이 재현되어 마음이 조마조마해진다. 그리고 이 상황을 해결하려고 지나칠 정도로 노력한다.

부모가 서로를, 즉 '소중한 사람이 소중한 사람을 공격하는' 상황은 자녀가 받아들이기 힘든 커다란 충격이다. 아무리 폭력이 동반되지 않은 말다툼일지라도 말이다. 아이들에게는 부모의 말다툼이 생존을 위협받는 수준이라고 해도 과언이 아니다.

자동차 운전이 트라우마로 남는 사례도 많다. 일반도로에서는 아무 문제 없는데 고속도로를 달리면 가슴이 답답해진다고 하는 사람이 있다.

특히 분기점에서 심장이 쿵쾅쿵쾅 뛰고, 경로에서 이탈하면 공황에 가까운 초조함을 느낀다는 것이다.

어린 두 자녀를 집에 재워놓고 남편을 공항까지 데려다줘야 하는 급박한 상황에서 트라우마가 튀어나왔다.

아이들이 잠에서 깼는데 엄마가 없으면 공포에 질릴 거라는 생각에 서둘러 집으로 돌아가려 했지만 익숙지 않은 도시 고속도로의 분기점에서 몇 번이나 길을 잘못 들어서서 제정신이 아니었다고 한다.

겨우 집에 도착했을 땐 우려했던 대로 아이들이 공포에 질려 울면서 엄마를 찾으러 집 밖을 배회하던 중 이웃이 발견해 데리고 있었다. 이 사건은 그녀에게 몹시 큰 상처로 남았다.

이때의 혼란스러움과, 자책의 감정을 느꼈을 때 나타난 호흡곤란, 두근거림, 가슴 주변이 조이는 듯한 절박감 같은 반응들이 신체에 기억되어 고속도로에서 운전할 때, 특히 분기점에서 재현되었다.

마음이 보내는 신호를
차단할 때
생기는 일들

이번에는 1장에서 살펴본 트라우마 중 하나인 '해리' 현상에 대해 더 자세히 알아보자.

자신이 감당할 수 없을 정도로 괴로운 일을 겪으면 인간의 뇌는 '이건 내게 일어난 일이 아니다'라고 인식하도록 설계되어 있다.

우리의 뇌는 매우 정교하게 만들어진 전기회로와 같다. 큰 상처를 받은 경험은 강렬한 전기 충격에 비유할 수 있다. 정교한 회로에 갑자기 고압 전류가 흐르면 어떤 일이 생길까? 회로가 합선되어 망가져버린다.

따라서 합선을 막기 위해 차단기를 내리듯이 일부 뇌의 기능을 정지시켜 '몸'과 '마음'의 접속을 끊고 다른 사람에게 일어난 일인 것처럼 넘겨버리도록 설계된 것이다. 이렇게 해서 나타나는 것이 해리라는 현상이다.

네트워크의 중추인 '메인 인격을 담당하는 회로'를 보호하기 위해 일부 네트워크를 분리하고 '보조 회로(부분)'를 만든다. 그리고 이 분리된 보조 회로 쪽으로 괴로운 경험에서 느낀 '아픔'의 충격을 흘려보내 처리한다.

분명 엄청나게 힘든 일이 있었는데 기억이 잘 나지 않거나 어딘가 남의 일처럼 느껴진다. 소위 '기억에 뚜껑을 닫는다'라고 불리는 현상도 해리에 의한 방어이다.

감당하기 어려울 정도의 커다란 충격을 '보조 회로'에 흘려보내 대신 처리하게 함으로써 메인 인격은 무사히 생존하는 전략이다.

이 메인 인격이 1장에서 설명한 '본래의 나'이고, 보조 회로가 '또 다른 나'이다.

지금까지 '또 다른 나'라고 표현했지만, 벽 너머에 가둬둔 트라우마가 실제 인격이라고 단정 지을 수는 없다. 특정 감정, 특정 신체 반응, 특정 기억 등 다양한 형태로 격리되어 있을 가능성이 있다. 이 책에서는 이러한 것들을 편의상 '또 다른 나'라고 표현한다.

누구나
해리를
만날 수 있다

사람들 대부분이 일상에서 괴로운 일을 겪었을 때 크든 작든 이 해리를 작동시킨다.

예를 들어 아주 심하게 혼나거나 무서운 사람이 시비를 걸면 머릿속이 새하얘져 아무 생각도 나지 않는다. 말 한마디조차 나오지 않는 것도 흔히 나타나는 방어적 반응으로 순간적 해리다.

이런 스트레스가 장기간 지속되면 해리하는 시간이 점점 늘어나고 일상화된다.

예를 들어 업무적으로 큰 스트레스를 계속 받으면 기억이 흐릿해지는 경우가 있다. 눈 깜박할 사이에 날은 저물었는데 오늘 하루가 어떻게 지나갔는지 기억나지 않는다. 그런데 집에 도착하자 갑자기 눈물이 쏟아져 혼란스럽다.

이는 과부하된 뇌를 멍하게 만들어 기능을 정지시키고, 처리해야 할 정보나 스트레스의 양을 줄여서 어떻게든 이 상황을 버텨나가려는 것이다.

해리가 생기는 가장 충격적인 순간은 친밀한 사람을 떠나보냈을 때이다. 죽은 사람의 존재가 클수록 그 존재를 잃은 순간에는 오히려 감정이 올라오지 않기도 한다. 사별 직후에는 넋을 놓고 무감각 상태에 빠지기 쉬운데, 이것은 일종의 쇼크 반응이다.

얼핏 덤덤하게 받아들이고 있는 것처럼 보이지만, 헤아릴 수 없는 충격에 빠진 나머지 무의식중에 '지금 여기서 감당할 수 없다'라고 판단해 몸과 마음의 접속을 자동으로 끊고 감정의 홍수에 잡아먹히지 않도록 막는 것이다.

'눈물 한 방울 나오지 않는 나는 냉혈한인가?'라고 생각하는 사람도 있는데, 절대 그렇지 않다. 오히려 해리하지 않으면 안 될 정도로 그 사람에 대한 감정이 깊었다는 뜻이다. 아픔을 덜 느낀다는 의미에서 해리를 마취에 비유하기도 한다.

내가 좋아하는 《치히로 상》이라는 만화를 보면 주인공 치히로도 어떤 힘든 일이 생기면 최후의 수단으로 '육체와 정신의 접속을 차단'한다.

괴로움과 어려움을 많이 느끼는 환경에 처한 사람에게 몸과 마음의 분리는 그야말로 생명줄이며, 일상을 살아가기 위한 일종의 생존 전략이다.

아픔을 덜 느끼려고
잠시
　　덮어두는 것일 뿐

　　해리라는 단어를 보고 '다중인격(해리성 정체장애)'을 떠올리는 사람도 있을 것이다. 하지만 2가지는 조금 다른 개념으로, 그 차이를 알아보자.

　　우선 해리에는 크게 격리(해리성 기억상실)와 구획화(정체장애)가 있다.

격리는 '나'와 '세상' 사이에 벽을 세우는 이미지와 같다. 의식을 멍하게 만들어 현실감을 줄이고 고통을 덜 느끼는 방어이다. '세상이 베일에 싸인 듯한', '내가 나인 것 같지 않은' 감각이 느껴진다.

일할 때나 일상생활에서 엄청난 스트레스를 받았는데 '그때 일이 거의 기억나지 않는' 경우가 여기에 해당한다.

뇌의 기능 일부를 중단해서 고통을 마비시킴으로써 스트레스가 많은 환경에서도 살아남을 수 있다. '격리(기억상실)'는 적지 않은 사람들이 일상에서 경험하고 있다.

구획화는 '내 마음속'에 벽을 세우고 '본래의 나'를 여러 구획으로 나누는 이미지와 같다.

괴로운 기억이나 감정이 생기면 메인 인격인 '본래의 나'를 상처로부터 보호해야 한다. 그래서 '본래의 나'가 접근할 수 없는 구획을 만든 다음, 이곳에 분노나 슬픔 등의 감정을 몰아넣어 고통에서 벗어난다.

앞에서도 설명했듯이 감당하기 어려운 충격적인 사건은

강렬한 전기 충격과 같다. 이 전기 충격이 네트워크 전체를 마비시키지 못하도록 '차단기'처럼 일부 네트워크를 막아버린다. 너무 강한 전기 충격을 보조 회로(부분)에 '가두는' 것과 같은 방어 반응이 나오는 것이다.

나와 세상 사이에 베일 같은 벽을 만든다

내 마음속에 벽을 만든다

나다운 것이
무엇인지 몰라서
더 힘들다

해리성 정체장애는 '구획화'에 해당한다. 이것은 정도에 따라 3가지 단계로 분류한다. '구조적 해리 이론'에 관한 설명이라 조금 복잡하고 어려울 수 있지만, 알아두면 자신을 이해하는 데 도움이 될 수 있다.

'구획화'는 나의 마음속에 여러 개의 구획을 만들어 너무

강렬하고 충격적인 감정을 일부 구획(부분)에 '가두어둔다'
라고 설명했다.

겉보기에 정상적인 메인 인격은 '일상 담당 자아(ANP,
Apparently Normal Part)'라고 하며, 지나치게 강렬한 감정을 떠
맡는 부분들은 '트라우마 반응 자아(EP, Emotional Part)'라고
한다.

'일상 담당 자아'는 겉보기에는 정상적인 부분으로 일상
적인 기능을 수행하며 외상을 회피하려는 역할을 한다. '트
라우마 반응 자아'는 외상과 관련된 강렬한 감정을 떠맡아
그 경험을 재현하거나 표출한다.

평상시에는 일상 담당 자아와 트라우마 반응 자아가 '격
리'에 의해 분리되어 있다. 하지만 과거의 트라우마 경험과
유사한 상황에 맞닥뜨리면 트라우마 반응 자아가 벽 너머에
서 격렬한 정동과 함께 등장한다.

이 칸막이 구조가 얼마나 복잡한지에 따라 해리는 3가지
단계로 분류된다.

우선 '제1차 구조적 해리'는 일상 담당 자아 하나와 트라

우마 반응 자아 하나가 있는 가장 단순한 패턴이다. 평소 생활은 일상 담당 자아가 감당하는데, 어떠한 계기가 있으면 갑자기 하나의 트라우마 반응 자아가 나타난다.

지진 등의 큰 재해를 겪은 후 미세한 진동만 느껴도 공황에 빠지는 증상이 여기에 해당한다. '단일 PTSD(외상 후 스트레스 장애)'라고 불리는 상태이다.

'제2차 구조적 해리'는 일상 담당 자아가 하나, 트라우마 반응 자아가 여러 개 있다. 임상 현장에서 가장 많이 만나는 패턴이다.

예를 들어 괴로운 일이 생겼을 때, 괴로움을 실제로 경험하는 자아, 객관적으로 관찰하는 자아, 분노를 느끼는 자아, 공포에 몸이 움츠러드는 자아, 나를 보호해줄 누군가에게 도와달라고 매달리는 자아, 공격을 피하려고 상대에게 철저하게 영합 및 복종하는 자아 등이 함께 나타난다.

평소에는 온화하다가 갑자기 참을 수 없는 분노가 폭발하거나, 주변의 요구와 기대에 지나치게 맞추려다 피폐해지는 이유는, 서로 다른 트라우마 반응 자아들의 등장으로 일상 담당 자아를 통제할 수 없기 때문이다.

　다만, 주변 사람들도 이러한 구조를 모르기 때문에 단순히 '갑자기 화내는 사람' 또는 '뛰어난 능력을 가졌음에도 자신에 대해 낮게 평가하는 사람'이라고 생각한다. 스스로도 '성격 문제' 또는 '감정 조절 문제'가 있다고 생각하는 경우가 많다.

　소위 말하는 '복합 PTSD'에 해당하며, '경계성 인격장애'나 '2형 양극성장애' 진단을 받은 사람들 가운데 상당 비율이 트라우마를 일으키는 양육 환경에서 자랐다는 사실이 밝혀지면서 이러한 증상이 해리로 인해 발생했다는 주장에 힘이 실리고 있다.

　'제3차 구조적 해리'는 해리가 더욱 진행되어 트라우마 반응 자아뿐만 아니라 일상 담당 자아도 여러 개가 있는 상태이다. 이것이 이른바 '다중인격'이다.

　일상적으로 여러 가지 인격이 나타나면서 다른 사람들도 쉽게 알아차린다. 일상 담당 자아가 빈번하게 교체되면, 그 사이에 있었던 기억이 흐릿해져 스스로도 해리 상태라는 것을 쉽게 인지할 수 있다.

해리성 정체장애의 3단계

1 > 일상 담당 자아 하나,
트라우마 반응 자아 하나

2 > 일상 담당 자아 하나,
트라우마 반응 자아 여러 개

3 > 일상 담당 자아와
트라우마 반응 자아 모두 여러 개

애쓰는 '나'와
놓아버리고 싶은
'또 다른 나'

이번에는 본래의 인격과 여러 가지 자아의 관계에 대해 조금 더 자세히 살펴보겠다.

원래 '인격'이란 커다란 하나의 네트워크가 아니라 작은 네트워크 다발로 이루어져 있다. 작은 컴퓨터들이 엄청 많이 연결된 것과 같다.

그리고 인격을 구성하는 작은 네트워크(다발) 하나하나가 자아들이다. 수많은 자아들이 네트워크로 연결되어 협동하면서 하나의 인격으로 나타나는 것이다.

감각의 자아가 부정적인 감정만 담당하는 것이 아니다. '즐거움', '안도', '들뜬 마음' 등 긍정적인 감정을 담당하는 자아도 존재한다.

사람들은 모두 여러 가지 기능을 지닌 자아를 갖고 있고, 상황에 맞춰 자연스럽게 구분해서 사용한다. 일할 때의 논리적인 '또 다른 나', 가족과 있을 때 게을러지는 '또 다른 나', 닌텐도 게임을 할 때 공격적인 '또 다른 나'와 같은 식으로 말이다.

하지만 2단계 해리 상태인 사람은 과거에 충격적인 사건을 경험한 후, 당시에 느낀 폭발적인 분노나 슬픔을 트라우마 반응 자아에 '가두어' 평소에는 보이지 않는다.

극도의 분노나 공포 등을 안고 있는 트라우마 반응 자아는 전체 네트워크에서 분리되어 있기에 '본래의 나'가 통제하지 못한다.

이렇게 되면 '본래의 나'는 화내고 싶지 않지만, 벽 너머의 '또 다른 나'가 다른 사람이 된 것처럼 화를 내고 만다.

'본래의 나'는 저 사람 말대로 하고 싶지 않은데, 문득 정신을 차리고 보면 '또 다른 나'가 순순히 따르고 있다. 믿기지 않겠지만 실제로 일어나는 일이다.

이것이 2단계 해리이며, 트라우마 반응 자아에 의해 나타나는 증상이다.

3단계로 넘어가면, 분리되었던 자아들이 독자적 캐릭터나 일관성(정체성)을 가지고 행동하기 시작한다. 소위 다중인격이라고 불리는 상태이다.

'평소의 나'와는 전혀 다른 행동이나 사고, 호불호를 보이고, 심지어 말투나 나이, 자신을 칭하는 이름도 바뀌는가 하면 체질까지 달라지기도 한다.

그리고 '또 다른 나'와 기억이 공유되지 않아 '그 사람'이 나왔을 때의 일을 '평소의 나'는 기억하지 못하는 경우도 많다. 메일을 보내고도 전혀 기억이 안 나거나, 주문한 기억이 없는 택배가 오기도 한다.

이 3단계까지 오면 더 복잡하고 증상도 심해져 '단순한 성격 문제'로 보기 어려워진다.

의학적으로 중증으로 분류되는 건 '3단계'이지만, '2단계' 해리는 통제되지 않는 감정과 행동 대부분을 당사자가 선명하게 기억하고 있는 것이 문제다.

일이 틀어졌을 때 자신의 성격이나 감정을 조절하지 못한 자신의 탓으로 돌리고 부당하게 자책하는 사람들이 많다.

애쓰지 않는 나로
살아도
괜찮다

다시 한 번 강조하고 싶은 것은 해리가 나쁜 것만은 아니라는 점이다.

멍 때리고 있으면 일에 차질이 생기고, 트라우마에 매몰되어 있으면 스스로도 고통스럽고 인간관계에도 위험이 따르기 때문에 그 상태에서 벗어나고 싶을 것이다.

실제로 해리 상태에서 '반드시 빠져나와야 한다', '무조건 치료해야 한다'라고 생각하는 사람들이 많다.

하지만 해리는 더 큰 고통을 피하고자 나의 몸이 사력을 다해 선택한 생존 전략이라는 점을 잊어서는 안 된다.

해리가 나타날 때의 장점도 있다. 괴로운 감정이나 나쁜 기억을 잊어버리는 것은 아주 합리적인 생존법이자 일상의 안전을 확보하는 행위다.

충분히 준비되지 않은 상태에서 해리라는 '방어책'을 제거하는 것은 오히려 상당히 위험한 일이다.

정신없이 바쁘거나 스트레스 등으로 일상의 수용력을 잃으면 해리가 제대로 기능하지 못한다.

그렇다면 이제 해리가 기능하지 않을 때 어떤 일이 일어나는지, 그리고 수용력을 확보하는 방법은 무엇인지 살펴보자.

'또 다른 나'를
받아들이기

애쓰다 지친다는 것은 '본래의 나'가 인간관계에서 오는 스트레스, 피로, 질병, 작은 업무 실수, 저기압으로 인한 나쁜 컨디션 등 온갖 것들을 더 이상 수용하지 못한다는 뜻이다.

그러면 일상에 필요한 에너지를 서로 차지하기 위해 벽을 사이에 둔 '본래의 나'와 '또 다른 나'가 쟁탈전을 벌인다. 트라우마 반응 자아가 안고 있는 괴로움을 자극하는 충격적인 사건이 일어나면 벽 너머 '또 다른 나'의 힘은 점점 세진다.

'본래의 나'와 '또 다른 나'의 균형이 무너지고 트라우마 반응 자아가 지나치게 커지면, 그들이 안고 있는 괴로움을 더 이상 억누를 수 없다. 게다가 '본래의 나'가 통제할 수 있는 영역이 축소되어 일상을 유지하기 어려워진다.

이 구조가 '애쓰다 지쳐버린' 근본적인 원인이다. '애쓰는' 자아는 과거에 존재를 부정당하고 심하게 상처받은 아픔이 있는 자아를 보호하기 위해 태어났다.

두 번 다시 그런 고통스러운 감정을 느끼고 싶지 않아 '애쓰라고' 명령하는 것이다. 최선을 다해 주변의 기대에 부응하는 한 내가 부정당할 위험은 줄어든다. '애쓰기'라는 방어책을 포기하려고 하면 엄청난 공포가 뒤따른다.

'본래의 나'는 '많이 지쳤다', '쉬고 싶다'라고 생각하지만, 벽 너머에서 '지금 더 잘하지 않으면 위험해'라는 거역할 수 없는 목소리가 들려온다. 여기에 순응해 계속 애쓰다 보면 '본래의 나'가 가지고 있는 수용력은 점점 줄어든다. 그러면 벽 너머에 있는 '또 다른 나'의 존재가 점점 커지고 숨어 있던 자아들의 목소리도 커진다.

결국 통제 감각을 잃고 위기감은 점점 심해져 쉬지도, 거부하지도 못하는 지경에 이르는 악순환에 빠진다.

게다가 수용력을 잃어 '또 다른 나'가 점점 커지면 끝내는 해리가 유지되지 않는다. 그 저변에 깔린 트라우마가 새어나와 '이제 한계다', '죽고 싶다'는 생각마저 들 수 있다.

반대로 '본래의 나'가 더 크면 '또 다른 나'의 괴로움에 지나치게 영향을 받지 않고 일상을 유지할 수 있다. 수용력이 있어야 오히려 편히 쉴 수 있고 마음의 긴장도 풀려 고통이 적다.

'애쓰는' 전략을 구사하는 사람이 스스로에게 관대해지거나 쉬려고 할 때, 또 다른 자아가 '그래도 되겠어?', '위험하지 않아?'라고 생각하는 것은 당연한 반응이다.

이 반응도 이해되지만, 결국 '본래의 나'의 수용력을 유지하지 못하면 괴로움을 억누르는 것도, '또 다른 나'와 대화하는 것도 불가능해진다.

쉬는 것이 불편하고 불안하더라도 이 구조를 알고 '본래의 나'의 수용력을 확보하기 위한 행동을 선택하는 것이 굉장히 중요하다.

지금까지 해리의 종류와 그 특징을 자세하게 살펴보았다. 3장에서는 '조절되지 않는 감정과 트라우마의 관계'를 구체적으로 설명한다. 주로 '구획화(해리성 정체장애) 2단계'를 중심으로 전개된다.

여러 가지 감정을 지닌 '또 다른 나'가 어떤 역할을 하는지 조금씩 밝혀질 시간이다.

각각의 존재를 이해하고 인정하는 것이 고통을 줄이는 첫 걸음이 될 수 있다.

너무 애쓴다는 건

사실 관심이 필요하다는 신호이며,

분노조차 나를 보호하려는 감정일 수 있다.

가끔은 행복이 낯설고,

관계 속에서 나를 잃은 듯한 순간이 있지만,

적당한 거리와 솔직함이 나를 지켜준다.

애쓰지 않는 나도 괜찮다고 말해주는 친구,

그 다정한 온도가 삶을 다시 따뜻하게 만든다.

3장

애쓰지 않아도
소중한 존재

버림받을까 봐 두려운 '또 다른 나'

너무 애쓴다는 것은
관심이
필요하다는 것

연인한테 메시지를 보냈을 때 답글이 조금만 늦어도 미칠 듯이 외롭다.

조금만 차갑게 대해도 '날 싫어하는 게 아닐까?', '날 버리지 않을까?' 불안해진다.

이처럼 사람들과 친밀한 관계를 맺는 과정에서 극도의 외로움을 느끼거나 버림받을지도 모른다는 공포를 느끼는 사람들이 많다.

이는 유소년기에 충족되지 않은 '사랑받고 싶다'는 감각이 마음 깊은 곳에 응어리져 있다가 어떤 계기로 분출되는 상태라고 볼 수 있다.

본래 동물이 어떤 위험을 감지하고 불안해졌을 때, 스스로를 진정시키는 가장 기본적인 방법은 '다른 개체와 밀착해 안정감을 얻는 것'이다.

이것을 애착(attachment)이라고 한다. 애착이라고 하면 의미가 한정되는데, 본래는 신체적으로나 심리적으로 특정한 누군가와 매우 가까운 관계를 맺어서 안정을 얻으려는 강한 욕구나 행동 경향을 가리킨다.

어린 시절 무섭고 불안할 때마다 부모님에게 기대서 안정감을 얻었다면 그 아이에게서는 '안정 감각'이 자라난다. 하지만 안타깝게도 가정환경에 따라 충분한 안정감을 느낄 정도로 관심을 받지 못하면서 자라는 사람도 있다.

특히 아이는 마음의 용적이 작은 연약한 존재이다. 그런데 부모 등 친밀한 타인에게 따뜻한 관심을 받은 경험이 없고 안정감을 얻지 못한다면 과연 어떻게 될까? 어린아이는 '꼭 붙어서 안심하고 싶다', '관심받고 싶다', '도와줘' 같은 욕구가 충족되지 않으면 존재를 위협받는 수준의 공포를 느낄 수 있다.

그리고 이러한 갈등을 해리를 통해 숨겨버린다.

'사랑받고 싶은' 욕구가 충족되지 않는 환경에 있다면 그 욕구 자체를 '내가 원하던 것이 아니다'라고 굳게 믿는다.

충족되지 않아서 생긴 깊은 상처, 외로움이나 공포 등의 감정은 어린아이에게 그야말로 '세상이 무너지는' 듯 극심한 고통으로 다가오므로, 이러한 감정을 한쪽에 몰아넣어 분리할 수밖에 없다.

이렇게 해서 태어난 존재가 '사랑을 갈구하는 자아'이다. 이런 사람들은 마음을 허락한 사람과 친밀해지길 강하게 바라면서 멀어지거나 버림받을까 봐 극도로 두려워한다. 이것이 사랑받길 애타게 바라면서 동시에 버림받을까 봐 두려워하는 '또 다른 나'의 정체이다.

연인에게 한동안 답이 오지 않으면 약간의 '섭섭함'을 느끼는 것이 당연하다. 하지만 어린 시절부터 '외로움'과 '사랑받고 싶은' 감정에 파묻혀 있었던 사람은 그 약간의 섭섭함이 방아쇠가 되어 버림받을지도 모른다는 '극도의 공포'에 휩싸인다.

답장이 곧바로 오지 않았을 뿐인데 신체적으로는 마치 세 살짜리 아이가 한밤중에 갑자기 산속에 방치된 듯한 수준의 공포를 느낀다. 그래서 공포를 느끼고 있는 동안에는 어린아이 같은 말투를 사용하기도 한다.

뇌가 이 공포에 조종석을 빼앗기면, '외로워', '무서워', '버리지 말아줘' 외에는 아무 생각도 나지 않는다. 제정신이 아닌 상태다. 하지만 남들은 그런 마음을 이해하지 못하고 '답장이 안 왔을 뿐인데 유난 떨지 마!'라고 말한다.

이런 상황이 외로움이나 버림받을까 봐 두려운 공포를 더욱 증폭시켜 악순환을 일으킨다.

연인을 향한 '사랑'이 '집착'으로

　어릴 때 안정감이 충족되지 않은 사람은 연인과의 관계에서도 다른 특징을 보인다.

　예를 들어 과거에 충족되지 않은 것을 채우려는 듯 연인에게 '이상적인 부모'에게서나 받을 법한 대가 없는 애정을 요구한다.

　호감을 가진 사람을 발견하면 '이 사람이야말로 내 마음속 허전함을 메워줄 사람이야'라고 이상화함과 동시에 '친해지고 싶어!', '사랑받고 싶어!'라는 강렬한 충동을 느끼고 행동에 나선다.

동시에 버림받을지도 모른다는 불안감도 상당히 강해져서 관계가 친밀해질수록 미세하게 어긋나는 감각을 참지 못한다.

'왜 나의 불안을 이해해주지 않아?'라면서 자신의 불안을 완벽하게 해소해주지 않는 상대의 태도에 분노를 느낀다. 불안한 나머지 상대의 관심이 자신에게 향해 있는지 확인하려고 떠보기도 한다.

그들에게 연인은 '어린 시절의 부모'와 같은 존재이자, 그 관계는 세상의 질서나 다름없다. 모든 일상이 그를 중심으로 돌아가고 그가 없는 세상을 상상할 수 없다.

'이 사람이 나를 좋아하지 않으면 세상이 무너진다'라고 믿고 있기 때문에, 그 사람의 관심을 끌지 못하면 '세상이 멸망할 것 같은 위기감'에 사로잡힌다.

하지만 이러한 소통은 상대방에게 '지나친 요구'이다. 그 결과 안정적인 관계를 유지하기가 어려워진다.

그렇다면 버림받을까 봐 두려운 '또 다른 나'와 어떻게 하면 잘 지낼 수 있을까?

과거와
지금의 감정은 다르다

　우선 트라우마 반응 자아인 '또 다른 나'의 감정을 지금 여기 있는 '본래의 나'의 감정과 구분해서 파악하는 것이 중요하다.

　트라우마 반응 자아가 안고 있는 감정과 '본래의 나'의 감정을 혼동하는 심리를 '블렌드(blend, 정서 융합)'라고 하는데, 특히 사랑을 갈구하는 자아와 잘 지내려면 이 블렌드가 일어나지 않게 하는 것이 중요하다.

왜냐하면 다른 자아들이 일으키는 충동을 따라가다 보면 연인이나 친구와 안정적인 관계를 쌓지 못해 인간관계가 파괴되기 때문이다. 그렇게 되면 '안심할 수 있는 사람과 안정적인 관계를 쌓고 싶다'는 바람이 이뤄지지 않는 딜레마가 일어난다.

'외로워', '무서워', '버리지 말아줘'와 같은 감정이 끓어오르면 잠깐 멈춰서 이것이 '본래의 나'가 느끼는 감정인지 생각해보자.
사랑을 갈구하는 자아의 욕구를 진정한 의미에서 충족시킬 수 있는 존재는 타인이 아니라 나 자신이다.

'또 다른 나'와 잘 지내기 위해서는 우선 이런 존재가 있다는 것을 알아차려야 한다.
'과거의 나'가 충족하지 못한 감정과 '지금의 나'가 느끼는 감정이 다르다는 것을 깨닫는 데서부터 출발한다.

그리고 '본래의 나'와 '또 다른 나'의 관계성이 타인과의 관계에서도 나타난다는 것을 알아야 한다.

사랑을 갈구하는 자아가 불러일으키는 '날 알아줘', '날 이해해줘', '날 돌봐줘'와 같은 욕구를 무시하거나 억누를수록 다른 사람이 '나를 이해해주지 않는다'는 마음이 강해진다.

외면할 수 없는
'또 다른 나'를
수용하다

또 하나 중요한 것은 트라우마 반응 자아가 원하는 것을 다른 사람(특히 연인)을 통해 메우려 해서는 안 된다는 점이다.

연인에게 '부모와 같은 사랑'을 갈구하면 안정적인 관계를 유지하기 어렵다. 왜냐하면 부모와 자식은 파트너십(partnership, 동반자, 협력) 관계가 아니기 때문이다.

게다가 여기서 말하는 '부모'란 '내 마음속에 있는 이상적인 부모'를 의미한다. 나의 결핍이나 아픔, 외로움을 전부 완벽하게 메워주는 존재로서 '부모'를 바라므로 연인에 대한 기대치가 과도하게 높아진다.

'부모와 같은 사랑'을 기대하다 보면 나이 차이가 많이 나는 연상을 연인으로 선택하는 경향도 있다.

그리고 한 번이라도 기대에 못 미치면 자신을 이해해주지 않는다는 생각에 분노나 슬픔이 성난 파도처럼 밀려온다. 그런데 이 정도의 요구를 들어줄 수 있는 존재는 '부모'가 아니라 신이나 부처라고 할 수 있다.

애초에 연인과 '부모'의 역할은 다르다. 파트너십은 본래 대등한 관계에서 형성되는 것이다. 서로에게 결점이 있다는 것을 받아들이고, 하고 싶은 말을 주고받으며, 서로에게 도움을 줄 수 있을 때 바람직한 관계가 만들어진다.

모순처럼 들릴 수도 있지만, 연인에게 완벽한 사랑을 바라는 동시에 내게 소홀한 연인과 헤어지지 못하는 것도 사랑을 갈구하는 사람의 특징이다.

예를 들어 누군가가 나를 업신여기면 '나를 막 대하는 사람에게서 멀어지자'라고 생각하는 것이 당연하다. 그런데 '이 사람이 나를 싫어하면 세상이 무너진다. 아무리 험한 꼴을 당해도 이별보다는 낫다'라고 생각하는 경향이 있다.

다른 사람들이 보기에도 헤어지는 게 좋겠다고 할 정도의 연인과 도저히 헤어지지 못하고 있다면, 과거의 '또 다른 나'가 느낀 감정을 지금 '본래의 나'가 느끼는 감정으로 혼동할 수 있다. 헤어지는 게 낫다는 것을 알지만 헤어질 자신이 없다.

이렇게 반대되는 강도와 경향성을 가진 감정이 한 사람의 마음에 동시에 존재하면 굉장히 고통스럽지만, 주변 사람들은 도무지 이해하지 못한다.
이때도 '본래의 나'와 '또 다른 나'의 감정을 구분해서 생각하는 것이 중요하다.

내 마음속에서 사랑을 갈구하는 자아들은 '아무도 나를 이해해주지 않는다', '모두 내 곁을 떠날 것이다'라는 과거의 절망스러운 경험 때문에 인격이 해리되어 태어난 것이다.

버림받을까 봐 두려운 '또 다른 나'는 과거의 내가 살아남기 위해 태어난 존재라는 것을 알아야 한다.

그리고 '또 다른 나'는 억눌러야 할 존재가 아니라 인정하고 존중해야 할 존재이다. 이를 받아들이는 것이 나 자신과 관계를 맺는 법을 바꾸는 첫걸음이다.

갑작스러운 분노를 참지 못하는 '또 다른 나'

화내는 타인에게
휘둘린 기억

요즘에는 '분노 조절(anger management)'이라는 말이 일반적으로 쓰이고 있지만 사실 분노는 잘 지내기 가장 어려운 감정 중 하나이다. 이번에는 불같이 화를 내는 '또 다른 나'를 살펴보자.

평소에는 온화한데 한 달에 한 번 정도 주변에 있는 모든 것들을 불태워 버릴 듯이 분노를 폭발시켜 '월 1회 여포'(《삼국지》최강의 무장으로 호전적인 인물)라고 불리는 사람이 있다. 그는 분노를 쏟아내고 나면 어김없이 후회한다.

전혀 다른 사람이 된 것처럼 불같이 화를 내는 순간은 그야말로 '분노를 담당하는 자아'가 뇌의 조종석을 빼앗은 상태라고 할 수 있다.

분노나 질투 같은 부정적인 감정에 휩싸이는 것만큼 괴로운 일이 없으며, '감정을 조절하지 못하는 나'의 대표적인 감정이다.

분노의 감정 자체에 부정적인 이미지를 가진 사람들도 많다. 그런데 분노를 제어하지 못해서 힘들어하는 사람 중에는 오히려 보통 때는 온화하고 거의 화를 내지 않는 유형이 많다.

분노라는 감정을 억누르는 배경에는 부모 등 타인의 분노에 휘둘려 깊은 상처를 받은 경험이나 자신의 분노로 소중한 관계를 망친 경험이 있다.

분노가 아니어도 격렬한 감정 자체에 두려움을 느껴 자신의 감정에 깊이 들어가지 않으려는 사람도 있다.

　어릴 때 성적이 좋지 않으면 어머니가 신경질적으로 화를 내서 상처받은 사람이 있다. 그로 인해 분노 자체를 두려워하게 되어 평소에는 최대한 분노를 표현하지 않으려고 꾹꾹 억누른다.
　그러다 직장 동료가 터무니없이 부조리한 행동을 하자 결국 참지 못하고 분노를 표출하고 말았다.
　그러고는 '엄마처럼 화냈다', '그런 사람이 되고 싶지 않았는데'라며 과거의 상처를 떠올리고 자책했다. 이처럼 분노의 감정으로 인한 상처는 중층적이고 복잡하다.

분노는
나를 보호하는
감정이다

이렇게 불같이 화내는 '또 다른 나'와 잘 지내려면 어떻게 해야 할까?

우선 '모든 감정에는 역할이 있다'는 것을 아는 것부터 시작이다.

분노는 상대방이 일정 경계선을 넘어왔다고 알려주는 본능적인 감정이다. 불쾌한 어긋남이나 위험이 느껴지면 분노라는 감정이 생기고 거기에 맞춰 나를 보호하기 위한 행동을 취할 수 있다.

그런 점에서 분노는 나를 소중히 여기기 위해 꼭 필요한 감정이라고 할 수 있다.

나는 분노의 본질이 '물리치는 힘'이라고 생각한다. 분노 에너지가 없으면 상대의 공격이나 지배로부터 나와 소중한 사람들을 지킬 수 없기 때문이다.

'건강한 분노'라는 말이 있다. 타인의 부당한 요구를 거부하는 에너지로 발휘할 수 있다는 의미다. 나와 타인 사이의 경계선을 긋기 위해서는 분노라는 감정이 필요하고, 이것은 자신의 존재를 지키는 경비원 같은 역할을 한다.

분노를 표현하지 못하는 평소의 '나'는 부당한 취급을 받아도 반격하지 못한다. 항상 당하다 보면 더 이상 나를 지킬 수 없다는 생각이 든다.

무의식적으로 분노를 담당하는 '또 다른 나'가 등장해 위해를 가하는 타인에게 반격하고 '본래의 나'를 수호한다.

분노의 감정 자체는 결코 적이 아니다. 평소에 분노를 가둬두고 있는 '본래의 나'를 대신해 분노의 감정을 떠맡는 동시에 타인이 일정한 선을 넘어오면 '본래의 나' 대신 맹렬하게 반격하는 방어 구조이다.

분노라는 감정이 작동하지 않았다면 과거의 당신은 위협과 지배에서 벗어나 살아남기 힘들었을지도 모른다.

분노와 관련 있는 감정들과 잘 지내기 위한 원칙이 있다.

그것은 내 마음속에 생긴 감정이 아무리 부정적인 것이라 하더라도 억지로 밀어 넣거나 없었던 것으로 취급하지 않고 자신이 느낀 감정을 소중히 여기는 것이다. 분노가 발동했다면 우선 그 감정을 소중하게 받아들여 보자.

조절하지 못하는
분노도 있다

인지나 감정 조절 능력이 일상생활에서 중요하다는 것은 익히 알고 있을 것이다. 인지 훈련을 통해 자신의 분노를 객관적으로 바라보고 조절할 수도 있다.

그러나 스스로 조절할 수 있는 수준이라면 비교적 가벼운 감정이다. 조절할 수 있는 범위 밖에 있는 '분노'로 이미 고통받고 있는데, 분노를 조절하라고 하면 더욱 괴로울 뿐이다. 어떤 사람은 이를 '분노 조절 괴롭힘'이라고 부른다.

실제로 '분노 조절'이라는 말을 싫어하는 사람도 많다.

다시 말하지만 분노 조절을 비롯한 인지 훈련은 대단한 기술이다.

트라우마에 의한 분노가 표출될 때 '인지'를 관장하는 뇌 부위의 기능이 크게 떨어진다. 그래서 감정을 완전히 제어하지 못했다는 이유로 심한 죄책감과 수치심에 괴로워하는 사람이 굉장히 많다.

분노의 감정은
말로 표현하기
힘들다

분노라는 감정은 외로움이나 수치심, 슬픔 등의 감정 표현으로 나타난다. 1장에서 설명한 분노의 '매장량'을 다시 떠올려보자.

연인한테 메시지를 보냈는데 곧바로 답장이 오지 않아서 섭섭한 감정과 슬픔을 느꼈을 때의 강도를 '3'이라고 해보

자. '3'의 섭섭한 감정이 벽 너머의 자아에 의해 '100'으로 증폭되어 나오는 경우가 있다.

그리고 이 증폭된 감정은 '날 이렇게 슬프고 서운하게 하다니 용서할 수 없어'라는 연인을 향한 분노로 변해 '100'으로 되돌려주기도 한다.

그렇다면 이 '100'의 분노를 받은 상대의 마음은 어떨까?

예를 들어 실수로 발을 밟아 미안하다고 분명 사과했는데 화가 난 상대가 방망이로 때리면서 반격해 오면, 비록 내가 먼저 잘못했다 하더라도 상대의 반응이 너무 과하고 '부조리'하다고 생각하지 않을까?

'증폭된 분노'의 충돌은 어마어마한 상처를 줄 수 있다.

관대한 사람은 몇 번 정도 받아줄지도 모른다. 하지만 받아준 '97'의 분노는 그 사람의 마음속에 '부채'로 계속 남아 있다.

이 부채가 자꾸 쌓이고 쌓이면 '이렇게까지 나한테 화낼 일이야?'라며 부채액이 점점 더 불어난다.

그런데 당신이 '그 사람이 나를 화나게 했으니까 이 정도는 당연히 화낼 수 있다'라고 생각하는 한 이 분노의 격차를 깨닫지 못한다. 바로 여기에 소통을 막는 가장 큰 위험이 존재한다.

이 위험을 회피하려면 내가 본래 느낀 '3'의 감정과 증폭된 '97'의 감정을 철저하게 구분할 필요가 있다. 체감상 지금 나의 분노는 '100'이지만, 본래 느껴야 할 분노는 '3' 정도라고 인식할 수 있어야 한다.

그리고 증폭된 '97'의 분노는 어떻게든 스스로 해소하고, 딱 '3'만큼의 위화감 또는 불만만 상대에게 말할 수 있다면 두 사람은 매우 안정적인 관계를 유지할 수 있다.

분명 어려운 일이다. 체감상 느껴지는 분노는 '100'이기 때문이다.

그럼에도 상대와 대등하고 안정적인 관계를 이어나가기를 바란다면 꼭 익혀두어야 할 기술이다.

또 하나 중요한 점은 '분노를 전달하는 것 자체는 나쁘지 않다'는 것이다.

특히 깊은 상처가 있고, 뒤에서 설명할 '영합 및 복종'을 담당하는 자아를 가진 사람은 분노의 감정을 표현하는 데 저항감을 가지고 있다.

그런데 '상대에게 맞추는' 전략을 구사하는 사람이 '분노'를 내비친다는 것은 일종의 신뢰가 있다는 증거이기도 하다.

받아주는 사람도 서로 맞지 않는 부분을 안다는 것은 곧 좋은 관계를 유지하기 위해 유익한 정보를 얻은 것이므로 고마운 마음이 든다.

하지만 이것은 상대가 당신을 지배하려는 것이 아니라 대등하고 안정된 관계가 되기를 바라는 경우에 해당되는 이야기다.

조금 어긋나도
맞춰나가는 관계

나 역시 상대와 '맞지 않는 부분'을 도무지 알아차리지 못해 본의 아니게 상대의 기분을 상하게 한 적이 있다.

그리고 상대가 '분노'를 드러냈을 때 그제야 그동안 소통에 문제가 있었다는 것을 깨닫고 충격을 받기도 했다.

하지만 둘의 관계가 망가질 위험을 감수하더라도 '안 맞는 부분이 있다', '우리가 서로 삐걱댄다'라고 솔직한 기분을 말해준 것을 오히려 고맙게 생각한다.

한편 분노를 지나치게 크게 터뜨리면 관계에 문제가 있었다는 사실을 받아들이지 못하고 충격을 받는 사람들이 많다.

'3'의 과실을 '3'으로 표현하는 것이 가장 좋다고 생각하지만, '10' 정도라면 몇 번은 참을 수 있을 것이다. 그런데 '97'이라면 힘들지 않을까?

내게 중요한 사람일수록 그 사람과 맞지 않는 부분을 인정한다는 것이 괴로운 일이다. 그만큼 해당 부분을 지적하려면 큰 용기가 필요하다.

그럼에도 어긋남을 마주하고 서로 노력하고 맞춰나가는 태도는 더 안정적이고 깊은 관계를 맺는 데 매우 중요하다.

분노나 위화감은 이렇듯 서로 맞지 않는 중요한 부분을 깨닫게 해주는 중요한 정보이므로 절대 무시해서는 안 된다.

이를 통해 상대와 관계가 더 좋아지려면, '본래의 나'의 분노와 '또 다른 나'로 인해 증폭된 분노의 감정을 알아차리고 적절한 방법으로 상대에게 전달하는 것이 바람직하다.

상대의 요구에 부응하려고 모든 힘을 쏟는 '또 다른 나'

너는 그런 찰랑거리는 옷 안 어울려.

그렇지…

수수~

(툭)

(치렁)

이 옷이 너한테 어울려!

…

그게 더 어울리려나…?

(난 보는 눈이 없으니까.)

(맞지?)

상대의 마음을
배려하느라
버거운 사람

상대의 요구를 모두 들어주거나, 상대의 기분을 좋게 해주려고 애쓰는 것도 트라우마 반응의 일종이다. 혹시 지금 뜨끔했는가?

상대에게 '아니오'라는 말이 도저히 나오지 않는 건 의지의 문제가 아니다. 나의 안전을 위해 주변 사람들과의 싸움을 피하거나, 상대를 기쁘게 해주려고 필사적으로 행동하는 것을 '비위 맞춤 반응(fawn response)'이라고 한다.

'폰(fawn)'은 '새끼 사슴'이라는 뜻이다. 몸집이 작은 동물이 상대의 기분을 살피고 비위를 맞추려고 행동하는 것에 비유한 말이다.

비위 맞춤 반응을 하는 사람은 굉장히 온화하고 사려 깊으며 친절한 사람으로 보인다. 상대의 마음을 절대 상하게 하지 않는, 이른바 '배려하는' 소통의 고수이다.

상대가 원하는 것을 정확하게 꿰뚫어보고 완벽하게 맞추는데, 이것이 예사롭지 않은 배려나 상대를 극진히 대접하는 태도로 여겨져 높은 가치를 발휘한다.

하지만 겉으로는 온화해 보여도 늘 '소통의 정답'을 찾느라 내면은 항상 긴장과 불안으로 가득 차 있다.

'나는 저 사람이 생각하는 것만큼 훌륭한 인간이 아냐', '겉으로만 좋을 뿐이고 사실은 못된 인간인데'라고 스스로 생각하거나, '내 진짜 모습을 알면 다들 날 싫어할 거야'라는 확신에 차서 자신을 낮게 평가하기도 한다.

그리고 이런 마음을 절대 들키지 않으려고 죽을힘을 다해 주변의 기대에 계속 맞춰나간다. 주변 사람들이 자신을 '이상화'하는 것을 괴로워하면서도 점점 더 사회적 요구에 부응하는 일에 매달린다.

그래서 '정답(기쁘게 해주는 방법)을 알 수 없는 상대'나 '하고 싶은 일이나 꿈이 뭐예요?'라고 질문하는 사람을 부담스러워하는 경향이 있다.

남을 위해
애쓰지 마라

항상 상대 중심으로 생각하고 행동하는 것이 몸에 배어서 '내가 없다', '겉으로 보여지는 나는 가짜다'라고 느끼는 사람도 있다. 이런 사람은 자신의 존재를 없애고 싶을 정도로 자기혐오에 사로잡혀 있다 하더라도 놀랄 일이 아니다.

이처럼 자신의 입장을 돌보지 않으면서까지 상대를 기쁘

게 해주려고 최선을 다한다. 하지만 객관적인 평가에서는 생각 이상으로 자신을 낮게 평가한다. 그러다 보면 폭력적이고 의존적인 상대에게 한결같이 노력하거나, 가혹한 환경에서 일하는 것을 자신의 탓으로 돌리기도 한다.

게다가 이러한 태도는 상대를 헤아리는 문화와 충돌을 피하고 화합을 중시하는 사회 분위기와 맞물리면 상황이 더욱 악화된다.

'미덕'이라고 여겨지는 삶의 태도를 충실히 지켜나가려고 하는 것이 사실은 트라우마 반응의 일종일 수 있다.

'사람의 마음 헤아리기', 평화를 위해 다수의 의견에 맞추려고 하는 '동조 압력', 취업 준비 활동 등에서 나타나는 '강요받은 자발성'과 같은 소통 문제도 여기에서 비롯된다.

이러한 개념들과 완전히 무관한 사람은 거의 없을 것이다. 그만큼 트라우마에 의한 영합은 우리 안에 숨어 있다.

무력한 존재의
합리적인 선택지

그렇다면 왜 복종이나 영합이 트라우마 반응이라고 하는 걸까? 그 이유는 무력한 존재에게 가장 합리적인 생존 전략이 복종이기 때문이다.

예를 들어 그 어떤 존재보다 연약한 아이가 전혀 안심할 수 없는 환경에서 살아남는 방법은 무엇일까?

그곳에서 가장 영향력이 큰 사람의 요구에 무조건 따르는 것이다. 그에게 적의가 없음을 알리고 영합하여 '뭐든 다 할 테니 공격하지 마세요. 여기에 있게 허락해주세요'라는 태도를 지속적으로 보이는 것이 생존 확률을 가장 높이는 선택이다.

이렇게 '포로'나 다름없는 환경에서는 '나다운 모습'이 오히려 자신에게 해로울 수밖에 없다.

생사여탈권이 상대의 손아귀에 있는 상황에서 최고로 안전한 전략은 나의 욕구를 모두 죽이고 적극적으로 복종하는 것이다.

하지만 상대에 대한 지속적인 복종은 자기 존엄을 크게 훼손하고 결국 수치감을 유발한다. 여기서 말하는 수치감은 조금 창피한 정도가 아니라 죽고 싶을 정도로 괴로운 수준이다.

이런 커다란 고통은 인격의 일부로 해리시켜 고통이 지나가게 할 필요가 있다.

이처럼 복종 및 영합의 감정들이 생겨나는 이유는 이것이 무력한 시기에 가혹하고 맹렬한 환경에서 살아남기 위한 가장 훌륭한 수단이기 때문이다.

인생의 이른 시기에 몸에 밴 복종 전략이 이후의 인간관계에 큰 영향을 미칠 것임은 어렵지 않게 예상할 수 있다.

자신이 아무리 지쳐도 상대를 위해 항상 노력하는 것을 당연하게 여기기 때문에 지배적인 인간관계에 놓이는 경우가 많다.

불공평한 인간관계나 지나치게 헌신적인 행위에 지쳐 그만두고 싶어도 동물적인 위기감이 이를 허락하지 않는다.

자신이 파멸하고 있는데도 타인을 위해 끊임없이 노력하는 사람은 이 복종 및 영합의 감정들이 깊숙이 자리 잡고 있는 것이다.

능동적으로도
수동적으로도
'연기한다'

상대에게 맞추는 것을 당연하게 여기는 사람은 '나다운 모습이 없다'라는 결핍감이나 '나는 비겁하다'라는 자기혐오를 가지고 있는 경우가 많다.

그리고 이런 삶의 태도를 '선택한' 자신을 한심하게 생각하거나 무력감을 느낀다.

그런데 스스로 선택했다고 말할 수 있을까? 상대에게 맞추는 것을 자신의 의지로 선택했다면 괴로움을 느낄 리 없다. 나의 본래 의지와는 관계없는 '반사적'인 태도를, 전부 나의 능동적인 의지라고 착각하는 것일지도 모른다.

하지만 실상은 더 복잡하다. 영합은 화합을 위한 전략이므로 소통이 더 원활해진다는 장점도 있다.

그래서 반사적인 행동이긴 해도 '하고 싶어서 한다'는 의지도 일부 포함되어 있다. 이런 점 때문에 당사자의 고통이 더 깊어지고 복잡해진다.

어떤 사람은 이런 복잡한 심경에 대해 '자기 멋대로 연기하고 자기 멋대로 상처받는다'라고 표현한다. 여기에는 '연기하고 있는 나'를 향한 혐오감이 있다.

'연기하는' 행위에 수동성과 능동성이 혼재되어 있어 괴로운 심경이 한층 더 복잡해질 수밖에 없다.

이 복잡함의 배경에는 건설적인 소통을 하고 싶은 '본래의 나'와 안전을 확보하기 위해 상대에게 맞출 수밖에 없는 '또 다른 나'가 혼재되어 있는 것이다.

139

몹시 어려운 일이지만 여기서 '본래의 나'와 '또 다른 나'의 차이, 즉 '100퍼센트 자유의지에 의한 선택이 아니다'라는 것을 깨닫는 것이 굉장히 중요하다.

그리고 피폐해질 만큼 누군가를 위한 역할을 연기하는 '또 다른 나'를, '본래의 나'를 지키는 별도의 존재(트라우마 반응 자아)로 인식하고 존중하는 마음으로 다가간다면, 나를 싫어하는 마음이 조금씩 바뀔 것이다.

솔직함은
나를 지켜주는 무기

상대에게 맞출 수밖에 없는 상황에서 '나다운 모습'을 유지하거나 상대의 요구를 거부하는 것은 위험한 일이다.

살아남기 위해 내 본연의 모습을 극한까지 깎아냈다는 것은 그 상황을 돌파하기 위해 꼭 필요한 전략이었을 것이다.

아주 천천히라도 좋으니, '그 당시' 상대에게 맞추는 것이 당신을 지킬 수 있는 가장 합리적인 전략이었다는 사실을 긍정적으로 받아들여 보면 어떨까?

그리고 나답지 않은 모습이라고 자책하는 마음이 든다는 것은, 지금은 나다운 모습을 바랄 정도로 안전한 환경에 있다는 증거 아닐까?

그렇다면 이 강한 생존력, 여기까지 살아남았다는 사실 자체는 존중받을 가치가 있다. 그리고 지금 당신을 둘러싼 환경에서는 모든 사람들에게 맞추는 것이 더 이상 최적의 전략이 아닐 가능성이 크다.

힘든 상황에서 당신을 지키고자 철저하게 복종한 '또 다른 나'에게 공을 돌리되, 더 이상 이 친구가 애쓰지 않아도 되는 방법이 있을 것이다.

모든 사람에게 맞추는 것은 현실적으로 불가능한 일이며 모든 요구나 조언에 따를 필요도 없다.

당신을 존중하고 공평하게 대하는 사람에게 배려심을 발휘하면 된다. 말로만 그런 것이 아니라 진정으로 당신을 존중하는 사람과 그렇지 않은 사람을 분별할 줄 안다면, '솔직함'은 큰 무기가 된다.

  우선 진심으로 배려하고 싶은 사람과 그렇지 않은 사람을
나눈 뒤, '당신을 아끼지 않거나 진심으로 대하지 않는 사람'
에게는 더 이상 맞추려고 애쓰지 않는 것이 좋다.

친밀한 사이를 회피하는 '또 다른 나'

날 좋아한다고 하면 왜 마음이 식어버리지…

믿었는데 배신당한
과거의 기억

죽어도 남에게 기대지 못한다.

내 진짜 감정을 말하지 못한다.

사람들과 친해지기가 두렵다.

이런 고민을 하는 사람들이 있다. 사람들과 쉽게 친해질
수 있다고 생각했는데 무엇 때문인지 그게 잘 안 된다는 생

각이 당신을 괴롭히고 있는지도 모른다.

하지만 이런 감정을 느끼는 것도 전혀 이상한 게 아니다. 남에게 의지하는 것도, 나를 드러내는 것도, '다른 사람에게 기대니 괜찮아졌다', '솔직하게 털어놔서 후련하다'와 같은 경험을 해본 사람들만이 할 수 있는 일이다. 이러한 경험을 하기 어려운 환경이었다면 다른 사람을 믿지 못하는 것이 오히려 당연하다.

애초에 남에게 의지하거나 나를 드러내는 것은 상대에게 무방비 상태의 나를 노출하는 굉장히 위험한 행위다.

용기를 내서 기대거나 힘든 마음을 털어놓았는데 무시당하거나 배신당하거나, 이를 빌미로 지배적인 관계에 놓이기도 한다.

이러한 상처를 받은 경험이 있으면, 타인에게 의지하거나 나를 드러내는 행위에 강한 거부감 또는 공포감을 느끼는 것이 당연하다.

'믿었는데 배신당하는' 아픔을 견디기 힘들고, 두 번 다시 이런 일을 겪고 싶지 않아서 '불신'이라는 감정으로 자신을 방어하는 것이다.

이는 친밀한 타인이 경계선을 넘고 들어와 위해를 가한 경험이나 깊은 상처를 받은 경험에서 생긴 트라우마 반응일지도 모른다.

친한 친구나 애인이 배신했거나, 부모가 거의 매일 심하게 싸우는 환경에서 유소년기를 보낸 경험이 트라우마의 근원이 될 수 있다.

가족은 친밀함의 상징이다. 가족관계에 문제가 있으면 '친밀한 상태'를 결코 좋게 생각하지 않고 친밀함이 생길 것 같은 관계를 오히려 회피하는 경향이 있다.

이러한 경험이 있는 사람이 타인과 심리적으로 가까워질 때 생리적 혐오를 느끼는 것은 지극히 당연하다.

'친밀함'과 관련된 괴로운 경험을 해리하기 위해 '회피 및 거부'하는 감정이 생겨난다. 회피 및 거부는 친밀함에서 받은 상처로부터 '본래의 나'를 보호해주기 때문이다.

너무 가까워지면
멀어지고 싶다

친밀한 관계를 회피하거나 거부하는 경향이 있는 사람에게는 타인과 친밀한 관계를 맺는 것이 엄청난 공포이다.

그래서 '이 사람에게 중요한 이야기를 너무 많이 했어', '마음을 너무 많이 드러냈어'라는 생각이 드는 순간 서둘러 거리를 둬야 한다고 느낀다.

이러한 충동은 의식하거나 의도한 것이라기보다는 무의식적인 반사적 행동에 가깝다.

친밀한 관계를 회피하거나 거부하는 것도 통제할 수 없는 '또 다른 나'의 기능이다.

> 누군가 친해지려고 다가오거나, 연인에게 '정말로 날 사랑해?'라는 말을 들었을 때 나도 모르게 흠칫한다.
> 상대가 진지한 관계를 맺자고 하면 부담스럽다.
> 성적인 접촉을 극도로 싫어하거나, 마치 거래하듯이 굉장히 무미건조하게 대한다.

다른 사람과 함께 있을 때 '안정적인 내 모습'에 공포를 느끼는 감정도 친밀한 인간관계로 상처받은 경험이 있는 사람이 보이는 아주 자연스러운 반응이다.

다만, 이해할 수 없는 자신의 행동에 대해 논리적 일관성을 유지하려고 한다. 그렇기에 '더 가까워지면 이 사람이 귀찮아할 거야'라고 믿거나, 상대의 말과 행동 속에서 이해되지 않는 부분을 찾아내 '역시 믿지 못할 사람이야'라고 믿는

등 어떻게든 '밀어질 이유'를 찾는다.

회피 및 거부 반응을 가진 사람은 지나치게 벽을 높이 세우며 거리를 조절할 때 더 안전하다고 느낀다. 그리고 거리를 조절하기가 번거로워지면 때때로 인간관계를 리셋(reset)하려고 한다.

다른 사람의 고민이나 대인관계로 빚어진 갈등에 말려들어 피폐해지거나, 의존적인 상대에게 휘둘리다 사람에 대한 신뢰를 잃는다.

갑자기 상대가 거리를 좁히려고 하거나, 뜻밖의 사람에게 갑자기 고백받아 당혹스러워하거나 상처받기도 한다.

이처럼 일상생활에서 너무 많은 상처를 받다 보니, '나는 원래 인간관계를 맺지 못한다'라고 단념해버린다. 심한 경우에는 대인관계가 필요한 영역을 완전히 벗어나서 살고 싶은 사람도 있다.

이런 사람은 타인과 친밀하게 지내는 것을 못 견딜 때 독이 든 음식을 먹은 것처럼 '헛구역질이 나는' 생리적 반응을 나타내기도 한다.

　과거에 나를 덮친 위험한 상황을 회피하기 위해 재현되는 생리적 신체 반응은 그야말로 트라우마적 증상이라고 할 수 있다.

모든 친밀함이
독은 아니다

하지만 모든 친밀한 관계를 거부한다는 것은 곧 인생을 혼자 살아가겠다는 뜻이나 마찬가지다. 그러면 인생을 살아가기가 힘들 수밖에 없다.

이런 사람들 대부분이 늘 어딘가 허무함을 느낀다는 것도 하나의 특징이다. 물론 친밀한 사이가 되면 귀찮은 사건이나 인간관계의 고뇌가 따라오게 마련이다.

그럼에도 다른 사람들과 연결되고 친밀한 관계를 맺으려고 하는 이유는 인간의 근원적인 욕구이다. 여기서만 얻을 수 있는 인간적인 풍요로움 같은 것이 있기 때문이다.

　모든 친밀한 관계가 독은 아니다. 하지만 독이 든 친밀함이 일부 존재한다. 회피 및 거부하고자 하는 방어력을 존중하되, 모든 친밀한 관계를 거부하는 것이 적합한지는 생각해 보아야 한다.

　친밀한 관계를 회피하거나 거부하는 사람은 상대에게 '먹이를 반만 주는 듯한' 관계를 형성하기도 한다. 타인을 완전히 거부하지는 않는다는 것이다.

　가끔 마음이 있는 사람에게 다가가거나 거리를 좁히려고 하기도 한다. 하지만 예상외로 상대가 호의적으로 나오면 놀라서 갑자기 거부하고 싶어진다.

　그야말로 다가가고 싶은 마음과 거부하려는 마음의 갈등에서 비롯된 반사적인 행동이라고 할 수 있다.

　하지만 스스로는 이 행동의 원리를 이해하지 못한다. '내 마음이 너무 변덕스러워서 상대를 혼란스럽게 만들었어. 내가 뭘 하고 있는 거지'라며 심각하게 자책하고 상처받는다. 그리고 점점 깊은 관계를 맺지 않으려고 한다.

이러한 모순된 심리 반응이 자기 자신을 얼마나 힘들게 하는지부터 알아야 한다. 회피에 의한 방어책을 펼친 '또 다른 나'도 있고, 나를 받아들여 주길 바라는 '본래의 나'도 있으므로, 이 둘이 공존하는 것은 전혀 이상한 일이 아니다.

이 모순에서 오는 고뇌가 너무 커서 '존재를 수용받고 싶은' 인간의 근본적인 욕구를 포기할 수밖에 없다면 그만큼 잃는 것도 많을 것이다.

이것이 바로 살려는 의지 자체에까지 영향을 주는, 허무함을 느끼는 원인 중 하나일지도 모른다.

애쓰지 않는 나를
껴안아줄 친구

친밀한 관계를 피할 수밖에 없었던 사람들은 대부분 타인과의 관계에 지친 나머지 친밀함에 공포를 느끼고 있다. 그러면서도 마음 한구석에서는 안정감이 있는 관계를 강하게 바라고 있을 것이다.

이런 사람들이 혼신의 용기를 끌어모아 '친구가 필요하

다'고 진심을 말할 때가 있다. 이는 인간이 가진 아주 고귀한 소망으로 절대 가볍게 여겨서는 안 된다.

관계를 회피하는 성향은 나의 인생 주제 중 하나이기도 하다. 그들이 가진 허무함이 어디에서 오는지 늘 생각하게 된다. 이것은 현대인들에게 아주 중요한 과제이다.

다정하게 대해주면 무서워지는 '또 다른 나'

너무 뜨겁지 않게
적당히
따뜻한 거리

  인간은 눈앞에 있는 사람이나 사물이 내게 안전한지를 동물적인 직감으로 판단한다. 하지만 트라우마가 발생할 가능성이 있는 괴로운 환경에서 자라면 안전감지기가 반대로 작동할 때가 있다.

  안심해도 될 장소에서는 두리번대며 위험을 느끼거나, 위험이 가까이 있는 상황에서는 알람이 전혀 울리지 않고 오히려 무방비하기도 한다.

남들이 다정하게 대해주면 무서워서 도망치고 싶어진다. 주변에서는 다들 헤어지라고 하는데 나를 소홀히 대하는 연인과 있으면 오히려 안심이 되어서 멀어지지 못한다.

이러한 경향이 행복한 대인관계를 맺는 데 걸림돌이 된다는 것을 쉽게 짐작할 수 있다. 그렇다면 이 '안전과 위험의 역전 현상'은 어떤 심리 구조에서 발생하는 걸까?

학대가 일상적으로 일어나는 가정에서는 인간이 본질적으로 필요로 하는 '사람으로서 존중받는' 경험을 얻기 어렵다. 배려 있는 말을 듣거나, 따뜻하게 안아주는 경험도 없을 것이다. '나를 아낀다', '나를 존중한다'는 메시지도 받기 어렵다.

이런 경우, '남이 나를 소중히 대하는' 것의 가치를 부정하게 된다. 나를 소중히 대하지 않는 현실에 적응하기 위해, 소중하게 여겨지고 싶다는 욕구 자체를 무시하는 것이다.

그러면 남이 나를 소중히 대하지 않는 환경이 정상적이고 일상적으로 느껴져 오히려 안도감이 든다.

안도감은 '예측을 벗어나지 않는 것'이라고도 할 수 있다. '존중받을 리 없다'고 예측하면 실제로 존중받지 못해도 혼란이 일어나지 않는다.

오히려 다정하고 정중한 대접이 예상 밖의 일이라 안도하지 못하고 공포나 혐오를 느낀다. 이것이 '안전과 위험의 역전 현상'이 일어나는 구조이다.

해리로 자신이 분리된 결과, 사랑받고 싶은 '본래의 나'와, 타인을 거부하고 경계하며 거리를 두는 '또 다른 나'가 공존하게 된다.

그러다 사랑받고 싶은 욕구가 점점 희미해져 마치 원래부터 없었던 것처럼 변한다. 사랑받고 싶은 욕구가 충족되기 어려운 환경에서는 사랑받지 못하는 것이 '예측한 결과'이므로 오히려 안도감이 들고 실망도 덜 느낀다.

편안하게 받아들일
다정함의 온도

그 누구에게도 의지하지 않는 꿋꿋한 '또 다른 나'가 자주 등장하면, 누군가 나를 다정히 대해줄 때 불쾌한 신체 반응이 나타난다. 요컨대 '누군가 나를 잘 대해주면 마음이 편하지 않다.' 심지어 '스스로에게 다정한 것'조차 불편하다.

다정함을 느낄 수 없는 환경에서 나를 다정하게 대해주는

상황을 부정하는 것은 굉장히 합리적인 생존 전략이라고 할
수 있다. 이런 경우에는 다정함을 느낄 수 없는 상황에 나를
몰아넣어야 오히려 마음이 편하다.

자신을 희생하면서까지 계속 노력하는 사람은 '어느 정도
나를 몰아넣지 않으면 안심되지 않는다'라고 자주 말한다.
여기에는 '다른 사람이 나에게 잘해준다'는 것에 공포를 느
낀 경험이 있을 것이다.

보통은 지치면 쉬거나 자신을 돌보기 마련이다. 하지만 다
정함과 배려를 오히려 불편하게 여기는 사람들은 쉬고 있을
때 마음이 편하지 못하다.

그래서 한계가 올 때까지 혹사당하는 괴로운 환경에 스스
로 뛰어들거나, 굉장히 지배적이고 불공평한 인간관계에 의
지하기도 한다.

당연히 몸도 마음도 점점 피폐해져서 점점 절벽으로 몰린
다. 하지만 꿋꿋한 '또 다른 나'가 애쓰고 있기 때문에 이런
고통을 다른 사람에게 털어놓는 일도 거의 없다.

비유하자면, '목욕물 온도를 항상 100도로 설정한' 사람

이 갑자기 40도에 들어갔다가 놀라서 바로 뛰쳐나오는 감각과 같다. 그리고 '목욕물에 몸을 담갔는데 화상을 입지 않다니 이상하다'라며 곧바로 100도에 몸을 담그려고 한다.

이런 불안감은 '경험하지 않은 것', '예상과 다른 것'에서 비롯된다. '화상을 입지 않는 목욕물도 있다'는 것을 알고, '40도의 물이 몸에 부담이 적다'라는 실제 경험을 쌓으면서 조금씩 몸에 익혀나가야 한다.

어느 순간
행복이
낯설게 느껴질 때

'행복해질까 봐 무섭다' 또는 '불행에 한 발을 담그고 있을 때가 마음이 오히려 편하다'라고 말하는 사람들이 있다. 행복한 상황을 오히려 어색하게 느끼는 것이다.

이런 사람들에게 긍정적인 감정을 가지라는 것은 부정적인 감정을 자각하는 것보다 훨씬 어려운 일이다.

이 괴로움에서 언젠가는 벗어나 행복해지길 간절히 바라는 한편, 실제로 행복이 가까이 다가올 것 같으면 무서워서 막상 선택하지 못한다. 내게 좋은 영향을 줄 사람이나 장소를 애타게 기다리면서도 끝내는 멀어지려고 한다.

인생의 변동 폭이 플러스 100점에서 마이너스 100점이라면 이러한 삶의 태도는 '마이너스 100점에 절대 닿지 않으려고 마이너스 90점에 고정해놓은 것'과 같다.

그야말로 비관적인 생존 전략인데, 바꿔 말하면 이 정도까지 비관적이어야 할 필요가 있다는 뜻이다.

우리 인류를 포함한 포유류는 진화 과정에서 '타인과 연결되고 협력하며 살아남는다'는 것을 생존 전략으로 선택했다.

우리 인간은 다른 사람과 관계를 맺지 않고서는 안전하게 이 세상을 헤쳐나가기 힘들다.

우리의 마음이나 신경에는 인간으로서 갖고 있는 진짜 안전을 느끼는 능력이나 '유대'를 쌓는 능력이 완전히 사라지지 않고 남아 있다. 그리고 태어날 때부터 지니고 있었던 유대나 사랑 그리고 친밀함을 바라는 '본래의 나'도 완전히 사라지지 않았다.

우선 이러한 '안전'과 '위험'의 역전 구조를 알아야 한다. 그리고 100도나 되는 뜨거운 목욕물에 차가운 물을 조금씩 붓듯이 편안한 마음을 조금씩 경험하면서 적정한 온도에 충분히 머무를 수 있다고 생각한다.

마음이 편해지는 안전한 장소나 상대에게서 스멀스멀 느껴지는 불쾌감.
존중받는 것에 대한 두려움.
자신을 극한으로 몰아가려는 충동.

이 모든 것을 자각하는 동시에 이 모든 것들이 사실은 방어 감정이라는 것을 알아야 한다.
그리고 안전한 장소나 다른 사람들과 연결될 때 느끼는 '안정감'을 새로운 경험으로 조금씩 받아들여 보자. 말하자면 '안정감을 다시 배우는' 과정이다.

살면서 한 번도 쓰지 않은 근육을 키우듯이 천천히 시간을 들여야 한다. 결코 쉬운 일은 아니지만, 새로운 '안정감'을 받아들이면 내 안에 있는 또 다른 감정들도 편안하게 받아들일 수 있다.

죽고 싶은 기분이 드는 '또 다른 나'

171
170

왜 이렇게
된 거예요?
(움찔)
죄송
합니다!
벌떡
쿵쾅
쿵쾅
쿵쾅
쿵쾅
와, 진짜 죽고 싶어…
죽고 싶은 수치 95%

마음의 아픔을
신체의 고통으로 옮기다

나 자신을 상처 입히고 싶다거나 죽고 싶다는 자기 파괴적인 충동도 트라우마 증상 중 하나이다.

끝이 보이지 않는 격렬한 감정의 폭풍우 속에 갇혀 있을 때 '빨리 끝내고 싶다'라는 마음이 드는 것은 전혀 이상한 일이 아니다.

다른 모든 감정과 마찬가지로, '죽고 싶은' 감정일지라도 절대 느껴서는 안 된다는 법은 없다.

스스로에게 상처 입히고 싶은 마음은 언제 끝날지 모르는 마음의 고통을 신체의 고통으로 전환하려는 것이다. 신체에 고통을 느끼는 동안에는 마음의 아픔을 느낄 여력이 없기 때문이다.

트라우마 감정으로 괴로워하는 사람이 자신의 트라우마 감정에 계속 압도당하기보다 차라리 고통을 끝내면 편하겠다는 생각이 드는 것도 당연하다. 그런 생각을 가졌다는 이유로 질타를 받을 일은 아니라는 뜻이다. 너무도 자연스러운 감정이라는 것을 알아야 한다.

하지만 '죽고 싶다'는 기분을 털어놓았을 때 이를 잘 받아들여 줄 사람이 이 사회에 많지 않은 것도 사실이다.

용기 내어 누군가에게 이런 기분을 말했는데, 그런 마음을 받아들여 주지 않고, '그런 말은 하지 말아줘', '너를 아끼는 사람들이 슬퍼할 거야'라고 말한다.

'죽고 싶다'는 내 말을 듣고 상대방이 난처해하거나, 화내거나, 슬퍼하는 반응을 보이면, 이런 감정은 가져서는 안 될 뿐더러 남에게 피해를 주는 일이라고 생각한다.

결국 그런 감정을 아무도 모르게 숨기려고 한다. 말 그대로 '죽고 싶다'는 감정을 나 홀로 고독하게 마음속에 묻어둘 수밖에 없다.

그리고 '느껴서는 안 될 감정'이라고 강하게 인식할수록 벽 너머에 있는 '또 다른 나'가 무리해서 짊어지고 만다.

그런 마음을 가지고 있다면 죽고 싶다는 어렴풋한 기분이 일상의 5퍼센트 정도를 차지할 것이다. 수용력을 잃거나 자극받는 사건이 발생하면 '죽고 싶다'는 마음이 전면으로 솟구쳐 나온다.

죽어버리고 싶고, 나 자신을 상처 입히고 싶은 기분에는 여러 감정들이 관련되어 있다.

'죽고 싶다'는 생각이 들 정도의 괴로움, '살아 있을 가치가 없으니 차라리 죽는 게 낫다'는 좌절, '고통을 끝내고 편해지기 위해서는 죽어버리자'는 절망감, 그리고 그런 마음을 어떻게든 억누르고 지키려는 '또 다른 나'가 있다.

이처럼 내 안에서 복잡하게 얽혀 있는 감정이 '나 자신을 상처 입히려고 하는' 충동을 불러일으킨다.

분노나 회피, 영합, 지나치게 애쓰는 모습도 하나의 트라우마 반응 자아가 담당하는 것이 아니라 개별적으로 나타나는 것이다.

따라서 각 자아의 존재를 더 정밀하게 파악하고, 각각의 감정을 존중하는 마음이 중요하다. 전문가들이 하는 일은 트라우마 반응 자아들의 역할이나 관계성을 정리할 수 있도록 돕는 것이다.

'죽고 싶은' 기분을
지금 당장
없애지 않아도 된다

죽고 싶다거나 나 자신을 상처 입히고 싶다는 감정이 절대 두려운 적이 아니라는 점을 알아야 한다.

죽고 싶은 기분 때문에 오랜 시간 힘들어하던 사람이 "죽고 싶다는 감정이 무서워졌어요"라고 말한 적이 있다.

"제 안에 있는 '죽고 싶어 하는 아이'가 밖으로 나오지 못

하게 누르고 있었어요. 그런데 그 아이가 너무 불쌍하다고
느껴졌어요."

"저의 가장 힘든 기분을 대신 짊어지고 있는 '또 다른 나'
를 인정해야겠다고 생각하니 차츰차츰 이 아이가 사랑스러
워졌어요. 지금도 '죽고 싶은' 생각이 들 때가 있지만 예전만
큼 무섭지는 않아요. 그런 기분이 올라오면 '오늘도 힘내고
있구나' 하고 생각해요."

죽고 싶은 감정이 폭발적으로 솟구친다는 것은 '죽고 싶
을 정도의 고통'을 분리해서 벽 안쪽에 가둬두고 있다는 것
이다. 죽고 싶은 감정이 여전히 사라지지 않은 채로 몸속에
있다가 어느 순간 홍수처럼 흘러나온다.

그렇다면 이 죽고 싶은 감정이란 나 자신을 공격하는 것이
아니라 오히려 나를 지키기 위해 봉인돼 있던 감정이 어떤
계기로 흘러넘친 상황이다.

오히려 나의 일상을 지키기 위해 그만큼의 고통을 벽 너머
에서 필사적으로 억눌러왔다는 것을 이해하면 이러한 자아
와의 관계성은 완전히 달라진다.

죽고 싶은 감정과 긍정적인 관계를 맺으려면 이것을 억누르지 않고 벽 너머에 있는 '또 다른 나'의 목소리에 귀 기울여야 한다.

'죽고 싶은' 감정의 정당성을 온전히 받아들여 줄 누군가가 있다면 큰 도움을 받을 수 있다.

적당한 경계선이
서로를 지켜준다

분노나 애정을 갈구하는 감정이 격렬하게 터져 나왔을 때 평소의 모습과 너무 달라 깜짝 놀랄 수도 있다. 갑자기 공격적으로 변하거나 거부하는 등 마치 '다른 사람이 된 것'과 같은 모습이 도무지 이해되지 않는다.

실제로는 '본래의 나'와 '또 다른 나'가 바뀌었다고 할 수

있으니, 어떤 의미로는 '사람이 달라졌다'고 생각하는 편이
차라리 낫다.

혹독한 환경에서 살아남으려면 여러 가지 감정들이 드러
나야 하는데, 그 여파로 모순되는 감정에 괴로워하는 것이
다. 주변 사람들이 이런 점을 이해하고 있으면 당사자는 안
도할 수 있다.

또 상대방과 대화할 때는 또 다른 모습이 있다는 것을 인
식하면 소통이 더 잘될 것이다.

트라우마 반응 자아를 가진 사람과 만날 때 '해서는 안 될'
2가지가 있다.

첫 번째는 트라우마를 일으키는 감정을 존중하지 않는 태
도이다.

예를 들어 분노를 표출하는 사람은 공격적인 말투로 타인
을 힐난하는 경우가 있다. 곁에서 도움을 주는 사람일지라도
무의식적으로 분노에 대해 부정적인 감정을 가질 수 있다.

'그렇게 화내는 거 싫어.'
'다정했던 너로 빨리 돌아와 줘.'

이렇게 부정적인 감정이나 태도를 보이면 당사자는 또 다른 자신의 모습을 받아들이지 못한다. 그렇게 되면 더 거세게 반항해서 결과적으로 감정이 악화된다.

'또 다른 나'는 가장 괴로웠던 시기의 감정을 대신 맡아 살아 있게 해준 고귀한 존재이다. '또 다른 나'와 대립하는 것이 아니라 존중하는 마음을 가지는 것이 우선이다.

분노하는 자아

두 번째는 도움을 주되 '부모 역할'을 하지 않아야 한다.

특히 애정을 갈구하는 욕구를 타인이 전부 메워주려고 하면, 상대의 기대치는 점점 높아지고 서로를 의존하게 된다.

여러 가지 욕구나 감정이 나올 때, 그것이 그 사람이 본래 가지고 있던 것인지, 아니면 트라우마로 생겨난 것인지를 냉정하게 판단하는 것이 바람직하다. 물론 아주 어려운 일이다.

또한 상대가 자신의 마음속에 있는 모순된 욕구 때문에 힘들어할 때, 예를 들어 몸과 마음에 한계가 와서 쉬고 싶지만 일하지 않으면 불안하고 괴롭다고 한다면 아래의 항목을 힌트 삼아 어떻게 행동할지 선택하길 바란다.

지금까지의 '악순환'과 다른 전개를 바라는가?

미래가 더 밝아질 것 같은가?

지속 가능성이 있을 것 같은가?

또한 상대의 과잉 욕구를 어디까지 들어줄지에 대해서도 고민해봐야 한다. 이럴 때는 조력자로서 '할 수 있는 것'과 '할 수 없는 것'을 명확하게 구분한다. 철저히 '타인'으로서 경계선을 유지하며 관계를 이어나갈 때 오히려 안정된 관계를 유지할 수 있다.

  예를 들어 연인이 '나를 좋아한다면 계속 옆에 있어줘'라고 했을 때, '당신은 내게 소중한 사람이지만 모든 요구를 들어줄 수는 없어'라고 대답한다. 그러면 상대와 나 사이에는 건전한 경계선이 생긴다.
  건전한 경계선을 만들어가는 과정은 사람을 사랑하는 기술 중에서도 가장 어렵고 고상한 일이다.

나의 '그림자' 또한 나의 일부이며,

이제는 그 '또 다른 나'와 잘 지낼 때이다.

전부 내 탓이라 여기며 버텨온 시간도 소중하지만,

이제는 버티지 않아도 괜찮다.

나의 모든 감정을 존중하며

내 인생의 주인공으로 살아갈 차례이다.

지친 마음을 따뜻하게 어루만지며.

4장

'또 다른 나'가 쓰는
새로운 인생 스토리

나의 '그림자'도
또 하나의 '나'

　지금까지는 다양한 모습으로 표출되는 '또 다른 나(트라우마 반응 자아)'에 대해 살펴보았다. 그렇다면 '또 다른 나'를 거부하지 않고 친하게 지낼 수는 없을까?

　플레이스테이션 게임 '페르소나 4'에 '섀도'라는 캐릭터가 나온다. 섀도(shadow)는 '그림자'라는 뜻으로 융 심리학에 나오는 개념이다.

카를 구스타프 융(Carl Gustav Jung)에 따르면, 그림자는 의식적으로 받아들이기 어려운 어두운 내면으로, 억압된 감정, 본능적 충동, 부정적인 성향을 말한다.

간단히 말하면 '내가 인정하고 싶지 않은 나의 일부'이며, 지금까지 살아오면서 표면으로 드러내기 힘들었던 또 다른 측면이다.

게임 속에서 섀도는 주인공들과 생김새가 똑같다. 섀도는 진짜 주인공들이 평소에 억압하고 있는 분노나 질투 등의 감정을 과감히 드러낸다. 자신의 숨기고 싶었던 모습과 나약한 면을 눈앞에서 본 주인공들은 당황하며 이렇게 외친다.

"너는 내가 아냐!"

그리고 자신의 그림자를 부정하고 계속 억압하자 섀도가 결국 폭주해 주인공들을 죽이려 든다. 이름 하여 '섀도의 보복'이다.

이 게임에서 섀도는 한 가지 사실을 우리에게 알려준다.

숨기고 싶은 감정을 가진 '또 다른 나'를 계속 억누르면 도리어 감정들이 폭주해서 여러 가지 결함이 발생한다는 것이다.

새도와 결투를 끝낸 주인공들은 이렇게 말한다.

"너는 나이고, 나는 너인가.
전부 나라는 말이군."

그리고 자신의 그림자를 받아들이자, 주인공의 능력치가 상승하고 인격적으로도 성장하는 모습으로 묘사된다.

'또 다른 나'와
잘 지내기

주인공과 섀도의 대화를 통해 알 수 있는 것이 있다. 내 모습 중 하나인 '또 다른 나'의 존재를 알아차리고 인정하면 나를 인식하는 방법이 크게 바뀐다는 것이다.

'분노'도 '공포'도 '거부'도 '죽고 싶은 기분'도 결코 적이 아니라 모두 나의 '일부'이자, '본래의 나'를 살리려고 태어난 존재들이다.

3장의 '비위 맞춤 반응'에서 설명했듯이, '또 다른 나'로 분리하는 사람은 대부분 어른스럽고 기본적으로 매우 친절하다. 완벽주의 성향이 강하고 도덕적 기준이 높아서 수치심을 강하게 느끼며, 차분하고 온화한 사람들이다.

그러면서도 자신에 대해서는 '다른 사람의 기대만 충족시키려고 하다니 나는 위선자야' 혹은 '진짜 나는 빈껍데기야'라고 생각한다.

'또 다른 나'와 잘 지내려면 과거의 경험으로 인해 새겨진 감정이나 신체 반응이 아직 끝나지 않은 상태로 '지금 여기'에 있다는 것을 알아야 한다. 이것이 현재의 생활에 큰 영향을 미친다는 사실을 인식하는 것이 중요하다.

해리를 포함한 일련의 반응은 가혹한 환경에서 살아남기 위한 일종의 필수불가결한 존재이다. 이를 알고 이해하는 것이 첫걸음이다.

더 나아가 위험에 처해 있었던 당시의 생존 전략은 현재의 환경에는 맞지 않는다는 것도 이해하면 더욱 좋다. 현재는 당시만큼 위험하지 않은데도 여전히 그 당시의 방식으로 대응하고 있음을 깨달아야 한다.

과거의 나를 살려준 '또 다른 나'는 인격의 벽 때문에 그 사실을 알지 못한다. 그래서 지금도 위험에 떨면서 '잘될 거야'라는 마음으로 최선을 다해 애쓰고 있다.

소중한 사람과 '멀어지는' 느낌이 들면 필사적으로 매달린다. 하지만 다른 사람이 친하게 지내려고 다가오면 '친밀함은 위험해!'라며 있는 힘껏 거부한다. 또 어떤 부탁을 받았을 때는 거절하면 나 자신이 잘못되기라고 하는 듯이 따른다.

'본래의 나'를 목숨 걸고 지키기 위해 마치 야생동물처럼, 그리고 본능적인 과정을 통해 격렬한 신체적 정동과 함께 강렬하게 호소한다.

트라우마 환경에서 생겨난 '또 다른 나'의 생존 전략이 지금 나의 일상과 맞지 않는 것이다.

전쟁터에서 살아남기 위해 몸에 지니고 있던 총기와 화기 또는 전투복을, 안전하고 평화로운 동네에서도 여전히 착용한 채로 생활하는 모습과 같다.

더욱이 이 중무장이야말로 안전한 동네에서 생활하고 인간관계를 맺을 때 부정적으로 작용할 수 있다.

트라우마를 일으키는 '또 다른 나'는 당신의 적이 아니다. 그들의 존재와 역할을 이해하고 지금의 생활과 엇갈리는 부분을 이해하는 것, 그리고 그들의 존재와 자비로움을 인정하고 관계를 재구축하는 것, 즉 '사이좋게 지내는 것'이 중요하다.
그들을 부정하고 억지로 밀어 넣으면 역효과만 일어날 뿐이다.

예전에는 '트라우마를 일으키는 또 다른 나와 다중인격은 의사가 그 존재를 인정할 때 태어난다', '그 존재를 반드시 인정해야 하는 것도 아니고, 이야기를 들어야 하는 것도 아니다. 최종적으로는 전부 없애는 것이 바람직하다'라는 관점도 있었다.
하지만 이러한 대처가 증상을 더 악화시킬 위험이 있다는 사실이 이미 밝혀졌다.

'또 다른 나'는 너무도 괴로운 상황인데도 '아무도 도와주지 않았던' 당시의 환경에서 어떻게든 살아남기 위해 태어난 존재이다.

이러한 존재를 무시하면 '아무도 나를 이해해주지 않는다', '도와주는 사람이 아무도 없다'는 상황이 재현되고 만다.

'또 다른 나'는 나라는 사람 자체가 아니라, 나라는 인격을 구하기 위해 태어난 '내 안의 타인'이다. 그 존재와 역할을 인정한 다음 신중하고 꾸준하게 대화해나가야 한다. 이러한 '내적 대화'의 과정이 바로 '또 다른 나'와 잘 지내는 방법이다.

- '또 다른 나'를 무시하거나 없었던 것처럼 취급하지 말 것
- '또 다른 나'를 자신의 소유물처럼 생각하며 억지로 누르거나 나무라지 말 것
- '또 다른 나'를 '내 안에 존재하는 타인'으로서 존중하는 마음으로 대할 것

이처럼 벽 너머에 있는 '또 다른 나'를 인정하고 받아들이는 마음을 가진다면 나와의 관계가 조금씩 좋아질 것이다.

'전부 내 탓'으로 돌렸기에
살아올 수 있었다

나는 왜 힘들까?

왜 격렬한 감정과 절망에 휘둘릴까?

왜 스스로 행복을 버리고 결과적으로 힘들고 괴로움을 주는 선택을 하는 걸까?

삶의 의미를 모른 채로 어떻게든 자신이 살아가는 태도에 의미를 부여하며 살아왔을 것이다.

　인간은 각자 삶의 '의미'를 알고자 하는 본능을 가지고 있다. 다른 생물들처럼 단순히 다음 세대에 유전자를 남기는 목적만으로 살아가지 않는다. 인간은 '의미의 노예'이며 이것이 인간과 다른 생물을 구분 짓는다. 그리고 이 '의미'는 '스토리'라고 할 수 있다.

　　왜, 내게만 이런 힘든 일이 생길까?
　　왜, 이렇게 열심히 해도 돌아오는 게 없을까?

　너무 큰 불행을 겪고 나면 이런 일이 왜 나한테 일어났는지 알고 싶어진다. 그러다 사람들은 대개 '모두 내 탓이야' 또는 '그때 내가 그런 짓을 해서 벌 받는 거야'라며 자신의 이야기에서 스스로를 나쁜 사람으로 등장시킨다.

　이것으로 내게 일어난 모든 부조리나 불행을 설명하려고 하는 것이다.

　'내 탓'이라고 여기면, '내가 노력해서 바뀌면 상황이 좋아질 수 있다'는 희망을 어렴풋이나마 품을 수 있다. '못난 내가 바뀌면 부모님이 나를 사랑해줄지도 모른다'는 생각을 하는 것이다. '부모님의 잘못'이라고 인정하면 희망을 찾을 수 없다. 부모님과 함께 어떻게든 살아가기 위해 내가 절망하지 않는 길을 택한 것이 '내 탓'이다.

'나 같은 인간은 이 세상에 존재할 필요가 없다.'

이렇게 말하는 사람이 있다. 살아 있다는 것 자체를 수치스러워하듯 강하게 자신을 탓하는 것은 궁극의 생존 전략이라고 할 수 있다.

이것은 절망적인 상황에서 벗어나기 위한 전략의 '흔적'이며, 비록 위험한 상황에서 벗어나기는 했지만 존재를 위협하는 수준의 죄책감이나 수치심이 깊이 새겨져 있다.

그는 지금도 '내가 불행한 이유는 전부 내 탓'이라고 생각하며 살고 있다. 아무도 도와주지 않고 벗어날 수도 없는 상황에서 달리 선택의 여지가 없었을 것이다.

모든 것이 내 탓이라는 이야기를 만들면 괴롭힘을 당하는 고통을 견뎌내는 힘을 키울 수 있다. 자신의 탓으로 돌리는 스토리는 고난으로 가득 찬 세상에서 살아남는 힘을 강화하는 '효능'이 있기 때문에, 생존 전략으로서 이런 선택을 할 수밖에 없다.

하지만 지금까지의 설명을 바탕으로 이 스토리에 아주 약간 다른 시선을 더해보면 어떨까? 어쩌면 그곳에는 전부 내 탓이라는 죄책감과 자책을 모두 받아들이고 어둠의 스토리를 대신 짊어진 '또 다른 나'가 있을지도 모른다.

버티지 않고도
살아갈 수 있다

트라우마 '안경'이라는 말이 있다. 눈앞에 일어난 상황과 내 몸과 마음의 상태를 트라우마가 영향을 미치는 것으로 인식한다는 뜻이다.

놀이공원이나 영화관에 가면 화면이 입체적으로 튀어나오는 3D 영상을 볼 수 있다. 이 영상은 맨눈으로 보면 이미지가 겹치고 흔들림이 심해 또렷하게 보이지 않는다.

하지만 3D 전용 안경을 착용하면 이미지가 또렷하게 보이면서 비로소 무엇을 표현하려 했는지 그 의미를 깨닫게 된다.

트라우마도 마찬가지다. 그 구조를 아는지 모르는지에 따라 세상은 완전히 다르게 보인다. '트라우마'라는 시점을 가지면 지금까지와는 다른 해석으로 자신의 인생을 파악할 수 있다.

당신이 느끼고 있는 '인생의 고통'은 해리라는 생존 전략이 남긴 흔적이자, 비정상적인 환경에 적응하기 위한 정상적인 반응이다. 싸울 수도, 도망갈 수도 없는 취약한 상황에서 해리라는 생존 전략으로 온갖 역경을 간신히 극복해온 것이다.

그렇다면 당신이 살아가고자 하는 힘은 당신이 생각하는 것보다 훨씬 더 강할지도 모른다.

여기에서 필요한 것이 '자기 수용'이다. 있는 그대로의 나를 수용한다는 것이 그만큼 어려운 일이다.

인생의 괴로움과 마주했을 때 자신의 트라우마를 알고 자신을 이해한다면 큰 도움이 된다는 것이 여러 사람들의 경험을 통해 증명되었다.

특히 막연하기만 한 '자기 수용'의 과정에서, '본래의 나'는 아니지만 '또 다른 나'라는 존재가 아주 믿음직한 단서가 되어준다.

애초에 '본래의 나'라는 존재는 유일무이하고 확고한 정체성에 의해 형성된 것이 아니다. 위험에서 살아남기 위해, 복수의 '또 다른 나'를 구분해서 사용할 필요가 있었던 것이다. 위험이 클수록 '또 다른 나'로의 분열은 극단으로 치달을 수밖에 없다.

그리고 생존 전략의 결과로 생긴 자기분열은 그 후로 일상을 살고 있는 '본래의 나'의 마음속에 정반대의 충동을 일으킨다.

내가 갈가리 찢기는 듯한 고통을 느낀다, 내가 나를 모르겠다, 이런 나를 믿을 수 없다, 이런 내가 싫다, 이것이 바로 '정체장애가 있는' 상태이다. 삶이 힘들고 괴로운 것도 여기에서 비롯된다.

내 마음속의 모든 감정들은 나를 살리기 위한 필수불가결한 존재이다. 무너질 정도로 내적 갈등을 겪으면서도 여기까지 잘 살아온 당신은 그만큼 강한 존재로 존경받을 가치가 있다.

트라우마에 관한 새로운 이론이나 가설은 많지만, 의견이 갈리는 부분도 있다. 트라우마의 범위를 비교적 넓게 확장하기는 했지만, 우리의 일상이나 인생 전체에 미치는 영향력은 결코 무시할 수 없다.

오랜 시간 트라우마를 연구해온 정신과 의사 스기야마 시로는 다음과 같이 말했다.

2020년을 바라보고 있는 지금, 다음 시대의 주제는 무엇일까?

정신과 의사 친구에게 묻자, 의존증이라고 말한 의사들이 많았다고 한다. 그러나 나는 의존증은 아니라고 생각한다. 왜냐하면 의존증은 발달장애만큼 확산세가 거세지 않다. 또 오진의 요소도 생각만큼 많지 않다.

역시 다음 시대의 중심 주제는 트라우마이다. 그 확산세, 많은 오진, 전문가의 치료 경험 부족 등 어떤 측면에서 보아도 과거의 발달장애에 필적하고도 남을 커다란 주제이다.

사람들은 상처받은 경험을 살피지 않고 '반복성 우울증', '지속성 우울장애', '제2형 양극성장애', '성격장애' 같은 진단을 받는다. 더구나 트라우마는 낫지 않는다, 치료 방법이 없다는 인식을 가진 채로 효과가 확실하지 않은 약물 치료를 장기간 받는 사람들도 많다.

만성피로증후군이나 섬유근육통, 만성편두통, 과민성대장증후군, 생리전증후군 같은 내과적, 신체적 질환으로 괴로워하는 사람의 배경에도 트라우마가 숨어 있는 경우가 놀라울 정도로 많다.

이뿐만이 아니다. 이 세상의 온갖 힘들고 고통스러운 사례, 인간으로서 도저히 이해할 수 없는 흉악 범죄와 사회적 문제의 배경에도 트라우마가 존재한다. 그야말로 '트라우마 시대'의 한복판에 있다.

　트라우마의 세계를 알게 될 때마다, 이 세상은 혹시 몇 안 되는 행운을 가진 사람의 인식으로 움직이고 있는 게 아닐까, 하는 느낌이 든다.
　웃으면서 평범하게 일하는 줄 알았던 사람의 심연에 믿기 어려울 정도의 고뇌가 숨어 있다. 사람의 수만큼 지옥이 있고, 그 본질은 오직 그 사람밖에 모른다. 이를 간단히 이해할 수 있다는 생각은 굉장한 오만이다.

　다만, 당신의 인생 스토리를 지금까지와는 다른 방향으로 나아가게 할 수 있는 '깃발'을 하나라도 세울 수 있다면, 이 책은 본연의 역할을 다한 것이다.
　우선 작은 깃발 하나를 세우자. 깃발이 늘어나면 스토리 전개에 큰 변화가 생길 수 있다.
　살아오면서 사람들의 다양한 변화를 보았다. 아무리 거대한 고통의 소용돌이 속에서도 '인생 스토리를 다시 쓰려는 힘'은 완전히 사라지지 않는다.

4장 '또 다른 나'가 쓰는 새로운 인생 스토리

내 마음의
회복 모드

인간이 변화하는 방식에는 2가지가 있다. 좋은 쪽으로 변할 때는 기본적으로 지금까지 쌓아온 것을 지키되 주변의 변화에 맞춰 자신의 궤도를 약간 수정한다. 이때는 '마이너 체인지(minor change, 약간의 변화)'만으로도 충분히 해결할 수 있다.

하지만 살다 보면 그 시기가 언제든 작은 변화만으로는 극복할 수 없는 상황이 반드시 온다.

이전의 삶이 담긴 과거의 스토리를 내려놓고 새로운 스토리를 찾은 뒤, 나와 세상을 재접속하려면 나라는 존재를 근본부터 점검하는 '풀모델 체인지(full model change)'를 해야 한다. 이 방식은 힘들고 고통스러운 작업이다.

과거에 일어난 사건을 바꿀 수는 없지만, 사건에 대한 해석은 바꿀 수 있다. 낡은 스토리에서 벗어나려면 지금까지 지탱해온 삶의 태도에 다른 의미를 부여할 새로운 스토리가 필요하다.

이때 트라우마라는 시점으로 세상을 바라보면 도움이 된다. 트라우마 안경을 착용하면 자기부정, 복종과 영합, 불신 등이 내 성격이나 기질의 문제가 아니라 불가피한 환경에 적응하기 위한 고귀한 '생존 전략'이었다는 사실이 보이기 시작한다.

내가 정말 싫어하는 '또 다른 나'는 '본래의 나'를 보호하는 존재였는가?

이러한 깨달음은 나 자신과 연결되는 방법을 바꾸는 깃발이 될 수 있다. 그리고 나 자신과의 관계를 바꾸는 것은 다른 어떤 일보다 의미가 깊은, 당신밖에 할 수 없는 가장 '성스러운 일' 중 하나다.

"나를 전부 받아주는 사람이 무섭다"라고 말한 내담자가 있었다.

그에게는 자신을 무조건 긍정적으로 받아주는 연인이 있었지만, 자신의 마음 깊은 곳까지 이해한다는 느낌이 왠지 무서워서 결국 참지 못하고 그 사람에게서 멀어졌다고 한다. 그리고 이때의 일을 계속 마음에 두고 있었다.

이 내담자에게는 '사람을 믿고 싶다', '온전히 나를 받아주는 안도감을 느끼고 싶다'는 본래의 욕구와 '다른 사람과 가까워져도 안심하지 못할 것이다', '나 같은 사람이 정말로 사랑받을 리 없다'라는 감정의 대립이 있었다.

시간이 흐르고, 그가 자신의 내면과 마주하고 있을 때 옛 연인에게서 다시 만나자는 연락이 왔다. 그리고 풀모델 체인지를 하기 위한 '도전'으로 연인과 다시 만나기로 했다.

　많은 갈등이 있었지만, 연인과 함께하면서 '차분해지는' 감각을 조금씩 얻게 되었다고 한다.
　편안할 때 오히려 두려움을 느끼는 기분도 서서히 익숙해져서 새로운 안도감을 얻은 것이다.
　점점 생각한 것을 있는 그대로 말할 수 있게 되었고 대등한 관계로 나아갔다. 그리고 '이 안도감은 절대 변치 않을 거야'라는 생각이 들었을 때 연인과 평생을 함께할 결심이 섰다고 한다.

　'안전'을 느끼는 능력이란 신경 활동이자 포유류의 핵심 생존 전략이다. 종이 생존하기 위해 발휘하는 힘은 우리가 상상하는 것보다 훨씬 강력하다.
　유소년기에 부모와 관계가 좋지 않았어도 이 '안전'을 느끼는 능력이 무용지물이 되는 것은 아니다. 뇌나 신경에는 가소성(변화하는 능력)이 있기 때문이다.

　어린 시절에 만들어진 뇌와 신경의 기능은 시간이 지나도 변하지 않는다고 믿어왔지만, 뇌는 평생에 걸쳐 변화할 수 있는 유연함을 가지고 있다.

인간의 사고방식, 감정 패턴, 인식의 구조는 일생을 통해 변화할 수 있다. 누구에게나 변화의 힘이 있다는 것을 많은 사람들을 통해 알게 되었다.

내 마음속 감정들의 이야기

4장 '또 다른 나'가 쓰는 새로운 인생 스토리

그 어떤
감정도
적이
아니야. 나의
일부였어.

잠깐 여기
좀 와줄래요?

네.

(덜컹)

초조해
하지
말자.

내 안에 있는
모든 감정들이
소중하다

이 책의 목적은 변화를 위한 '깃발 세우기'라고 말했다. 지금까지 설명한 내용들이 변화의 계기가 아니라 변화를 재촉하는 압박처럼 느껴졌다면 그건 나의 진짜 의도가 아니다.

'풀모델 체인지'라고 하면, 마치 내 모든 것이 모조리 바뀔 것 같은 대규모 변화라고 생각하지만, 사실은 그렇지 않다.

4장 '또 다른 나'가 쓰는 새로운 인생 스토리

그리고 트라우마와 마주한다는 것은 마음을 단단히 먹고 과거의 나와 '대결'한다는 뜻도 아니다.

당신은 모든 생존 전략을 동원해서 지금 살아 있다.

그것이 얼마나 위험천만한 상태였든 당신은 분명 셀 수 없을 정도의 많은 역경에 대응했고 이를 집대성한 결과가 '생존'이다.

설령 그때가 지옥 그 자체였고, '살고 싶다'는 생각이 도저히 들지 않았어도 기적 같은 균형으로 '지금'에 이르렀는지도 모른다. 이는 매우 중대한 사실이다.

지금 나를 이루고 있는 모든 것이 생존 전략의 결과이며, 내가 '나다운 모습'으로 살아갈 수 있는 근원이다.

그렇다면 불필요한 것은 단 하나도 없다. 필요한 힘은 이미 갖춰져 있다. 다만 제대로 연결되어 있지 않을 뿐이다.

그래서 풀모델 체인지라고 해도 사실상 많이 바꿀 필요는 없다. '연결'만 잘하면 된다.

과거의 나 자신이나 처음 마주하는 감정과 대결하는 것이 아니라, 대화를 통해 관계를 바꿔나가야 한다는 뜻이다.

당신의 일상과 삶 자체를 지키기 위해 분리될 수밖에 없었던 '또 다른 나'는 지금도 당신이 좋아지길 바라며 최선을 다하고 있다.

다만 연결이 잘되어 있지 않아 다들 멋대로 움직이고 전체적으로 삐그덕거린다. 아직 '팀이 아니라서' 그렇다.

내 인생의
주인공이 될 차례

내담자들에게 대화의 이미지를 설명할 때 야구 만화 《루키즈》(모리타 마사노리)의 감독이 되는 상상을 해보라고 권한다(다른 스포츠 만화여도 상관없다).

이 만화는 주인공인 교사의 진실한 대화와 태도를 통해 '난폭한 녀석들'로 취급받던 학생들의 마음이 열려 하나의 팀으로 뭉쳐가는 이야기다.

　1권에서 주인공인 국어 교사 카와토는 고문을 맡고 있는 야구부에서 가장 힘세고 반항적인 학생 신죠가 날린 주먹을 막고 이렇게 말한다.

"이상한 일이야. 같은 손인데 쥐면 주먹, 펴면 보자기. 보자기는 손의 마음이라는 의미야. 알겠니? 언젠간 네가 내 앞에서 이 주먹을 펼 날이 올 거라고 믿어."

　같은 손이어도 오므리면 사람을 때릴 수 있는 주먹이 되고, 펼치면 사람을 어루만지는 보자기가 된다는 의미다.
　주변에서 '불량아'라고 무시당했던 반항아들은 카와토의 존중 어린 대화와 태도를 경험하며 조금씩 신뢰감을 얻고 팀은 서서히 하나가 되어간다.

　그리고 마지막까지 마음을 열지 않던 신죠가 시합 중 역전을 노리는 중요한 장면에서 타석에 설 때 카와토에게 주먹을 펼쳐 보인다. 이후 그는 팀의 주력 타자로 활약한다.

벽 너머에 있는 '또 다른 나'를 타인을 대하듯이 존중하고 그들의 목소리를 듣는다.

내 안에 있는 모든 자아의 존재를 인식하고, 역할을 인정하며, 그들의 주장을 조금씩 들어준다. 그리고 '본래의 나'의 욕구도 이해해가며 협력하는 관계로 만들어간다. '또 다른 나'와 다시 한 번 신중하게 관계를 맺는다는 이야기다.

'나는 어떤 사람인가?'라는 질문의 답은 아직 정해지지 않았다.

벽 너머에 있는 '또 다른 나'와의 관계가 바뀌면 나 자신을 바꾸려는 강한 의지가 없어도 '본래의 나'는 저절로 바뀌어 있다.

알맹이가 바뀌긴 하지만, '나다운 모습' 대부분은 그대로 남아 있다. 대화의 주도권을 쥘 수 있는 존재는 일상을 담당하는 지금의 당신뿐이다.

애쓰다 지친 마음을
어루만져줄 사람

또 하나 중요한 것은 '여유가 없으면 대화를 할 수 없다'는 점이다. 대화할 때 가장 중요한 것은 자신의 수용력이기 때문이다.

수용력이 없으면 벽 너머에 있는 트라우마 반응 자아들의 기세를 누를 수 없다. 다른 사람의 요구를 계속 들어주거나 한계가 올 때까지 바쁜 환경에 갇혀 있으려는 자아들의 요구를 이해하되 약간의 여유를 가질 필요가 있다.

'또 다른 나'를 위해 '본래의 나'는 마음의 여유를 가지고, 스트레스를 받는 상태라는 것을 인지한 뒤 초조해하지 않는 연습을 해야 한다. 수용력만 있어도 '또 다른 나'에 '휘둘리지' 않고 일상을 살아갈 수 있다.

여유를 가지려는 노력은 절대 죄가 아니며 미래를 위한 치료적 행동이다.

'깃발을 세운 다음에는 이제 어떻게 하면 되죠?'라는 질문에 하나의 답을 줄 수는 없다.

상처나 지금에 이르기까지의 스토리는 저마다 다르고 복잡하기 때문이다. 따라서 '전문가의 도움을 받는' 것이 바람직하다.

유감스럽게도 이 복잡한 심리 구조에 적응할 수 있을 만큼 이 분야에 숙달된 전문가는 많지 않으며, '나와 맞지 않는' 전문가를 만나면 상처가 더 깊어질 수도 있다.

하지만 성실한 태도로 내담자를 살피는 훌륭한 전문가도

있다. 트라우마에 대한 전문성을 갖춘 사람에게 도움을 받아야 한다. 그리고 '나와 맞지 않는다'는 느낌이 들면 다른 전문가의 의견을 참고하는 방법도 있다.

무언가를 바꾸고 싶다고 결심하고 전문 기관에 방문하려면 정말 큰 용기가 필요하다. 이 각오에 성실히 응해주는 전문가와 인연이 닿기를 바란다.

'나' 자신을 이해하는 것부터 시작

나는 이 책에 어떤 마음을 담았을까?

새삼 돌아보면 '당신이 당신 자신과 잘 지내길 바라는' 마음 아닐까?

아주 작은 것이라도 좋다. 스스로와 잘 지내는 방법이나 사고방식, 그게 무엇이든 조금이라도 도움되는 무언가를 찾았길 바란다.

단 하나라도 찾았다면 어떤 보답을 받은 기분이 든다.

'다정함의 절반은 아는 것이다'라는 말이 있다.

나 자신과 잘 지내지 못하는 이유는 스스로를 잘 모르기 때문이다.

그렇다면 우선 나를 '알아가는 것'부터 시작해보면 어떨까?

어쩌면 알아가는 과정에서 내가 모르고 있던 '의미'가 보일지도 모른다.

아는 만큼 세상이 넓어진다.

상대방이 가지고 있는 사정이나 배경, 고뇌를 알면 그 사람을 더 잘 배려할 수 있다. 이를 '또 다른 나'에게 적용하면 나 자신에게도 '다정'해질 수 있다.

당신이 그래 준다면 얼마나 기쁘겠는가?

사람들의 얼굴을 떠올리며 소박한 소원을 빌어본다.

스즈키 유스케

더 이상 애써 버티지 않아도 된다.

당신이 얼마나 강한지 보여주지 않아도 된다.

당신은 이미 충분히 애썼다.

흐트러진 마음도, 흔들리는 감정도

당신의 일부일 뿐 잘못된 것이 아니다.

무너지지 않으려 애쓰기보다

나를 돌보는 것이

진정한 회복의 시작이다.

또 다른 나를 마주할 결심

초판 1쇄 인쇄 2025년 4월 10일
초판 1쇄 발행 2025년 4월 15일

지은이 스즈키 유스케
옮긴이 명다인
편집 이원주
마케팅 신용천
물류 책글터
펴낸곳 밀리언서재
등록 2020. 3. 10 제2020-000064호
주소 서울시 마포구 동교로 75
전화 02-332-3130
팩스 0504-313-6757
이메일 million0313@naver.com
블로그 https://blog.naver.com/millionbook03
인스타그램 https://www.instagram.com/millionpublisher_/
ISBN 979-11-91777-94-9 03190
정가 18,000원

• 저작권법에 의해 보호를 받는 저작물이므로 무단 전재와 복제를 금합니다.